预防犯罪实用手册

王顺安 / 著

海豚出版社
DOLPHIN BOOKS
中国国际传播集团

图书在版编目（CIP）数据

预防犯罪实用手册 / 王顺安著 . -- 北京 : 海豚出
版社，2022.12
　　ISBN 978-7-5110-6168-3

　　Ⅰ . ①预… Ⅱ . ①王… Ⅲ . ①预防犯罪 – 中国 – 手册
Ⅳ . ① D917.6–62

　　中国版本图书馆 CIP 数据核字（2022）第 208401 号

预防犯罪实用手册

王顺安　著

出 版 人	王　磊	
责任编辑	张　镛	
封面设计	何洁薇	
责任印制	于浩杰　蔡　丽	
法律顾问	中咨律师事务所　殷斌律师	
出　　版	海豚出版社	
地　　址	北京市西城区百万庄大街 24 号	
邮　　编	100037	
电　　话	010-68325006（销售）　010-68996147（总编室）	
印　　刷	艺通印刷（天津）有限公司	
经　　销	新华书店及网络书店	
开　　本	710mm×1000mm　　1/16	
印　　张	9.5	
字　　数	82 千字	
印　　数	5000	
版　　次	2022 年 12 月第 1 版　2022 年 12 月第 1 次印刷	
标准书号	ISBN 978-7-5110-6168-3	
定　　价	39.80 元	

犯罪是阻碍社会进步的绊脚石，是现代社会的一大毒瘤，对人民群众和社会造成了巨大伤害，严重威胁着国家的发展和进步。我国采取了很多措施来预防犯罪，如普法教育、司法震慑等，它们在一定程度上减少了犯罪的发生，但预防犯罪的效果与人民群众的期待还存在一定差距，为了缩短这一差距，就需要更有效的预防犯罪措施。

预防犯罪必须要坚持系统、整体的观点，有针对性地打击违法犯罪分子。要特别注意的是，在预防犯罪的过程中，要积极发挥群众的力量，制定系统、有效的群众路线。

国家有关机关要针对各类犯罪进行积极地响应，并在第一时间采取相关有效的措施，争取做到早发现、早处理、早预防。

加强科学技术支撑力量在预防犯罪方面的作用。预防犯罪不仅需要更加科学、准确的犯罪趋势评估和判断，更需要大量的科学数据作为支撑。在预防犯罪工作中，相关机关应当积极研发科学措施，如循证式预防犯罪手段等，提高预防犯罪工作的精准性。

　　在预防犯罪工作中要包容和保护受害人权益。预防犯罪的目的是保护公民权益，维持社会公平。相关机关在打击违法犯罪分子的同时，也要加强对受害人的慰藉，保护受害人的权益。

　　在预防犯罪工作中，要不断提高创新意识。违法犯罪分子的犯罪手段不断更新，公安机关的预防措施也要随之更新，通过增强科技手段，来减少和预防犯罪。

　　预防犯罪不仅是国家的责任，也是每一个社会成员的责任，我们每个人要积极投身到预防犯罪的行列中，不断提高自己的思想道德修养，不断学习法律，做到知法、懂法、守法，并学会用法律武器保护自己，为建设平安中国、法治中国贡献一份属于自己的力量。

　　预防犯罪是社会的共同使命，只有全社会积极行动起来，共同预防犯罪，才能达到预防、减少犯罪的目的，社会才能安定、和谐，中华民族这个大家庭才能更加温馨、美满。

目 录/contents

第五章　预防电信网络诈骗

第六章　预防极端恶性犯罪

第七章　预防高科技犯罪

第八章　预防其他犯罪行为

第一章
开展预防犯罪，构建和谐社会

预防犯罪人人有责

预防犯罪

第一节 严守预防犯罪的三道防线

犯罪是一种社会现象，随着时代的发展，犯罪的方法和危害程度在一定程度上都发生了巨大的变化，对社会构成的威胁也越来越严重。在此背景下，开展预防犯罪工作刻不容缓。

预防犯罪是指采取有效措施消除犯罪现象产生的原因，并对可能犯罪的人进行早期预防与矫正，进而减少或杜绝犯罪行为发生的活动。

犯罪预防的宗旨是努力克服各种犯罪诱因，及时消除各种不安定因素，为潜在的违法犯罪分子设置实施犯罪行为的困难条件，依法惩处已经发生的犯罪行为，达到维护社会安定，促进社会进步与发展的目的，为人民创造更加健康、安全的生活环境。

在与犯罪分子的长期斗争中，我国司法部门经过多年的实践，创建了具有中国特色的预防犯罪体系，并对该体系不断进行完善。其中，"预防犯罪三道防线体系"

已收到较为理想的效果，并受到了国际社会的关注。

　　预防犯罪的第一道防线是社会公约或村规民约、治保组织和调解组织，以及工读学校。其中，"工读学校"现已改名为"专门学校"，它是指为教育挽救有违法犯罪行为的青少年学生开办的学校，它是帮助和教育不良青少年，并保护他们健康成长的重要机构。

　　各地区的群众需要根据本地区特点，以及本地区存在的主要社会问题，约定自我约束的行为规范，并自觉遵守、互相监督。在公约执行过程中，若有违反者，可通过治保组织或调解组织进行规劝、教育和处理，预防

矛盾激化，引发恶性事件。

预防犯罪的第二道防线是公安机关、治安管理处罚条例。第二道防线设置的目的是依法惩处违法行为，以减少或杜绝违法犯罪行为的发生。

对于违反治安管理的行为，公安机关可根据具体情节选择警告、罚款或拘留处罚，如对骑电动车逆行的群众处以罚款处罚。违反治安管理且情节恶劣，或屡教不改，但不构成犯罪的，过去是由公安机关依政策将其送交劳动教养机关实行劳动教育，现在则是通过社区矫正的方式教育其弃恶从善，预防其刑事犯罪，并以此教育社会成员自觉遵守法律法规，防止其他犯罪行为发生。

预防犯罪的第三道防线是司法机关、刑事法律。这道防线是指国家司法机关运用法律武器处罚触犯刑律的罪犯，并通过刑罚执行、狱政管理和教育改造等措施，将其改造成为知法、懂法且守法的公民，此为避免刑满释放后重新犯罪的一种预防犯罪方式。

在实施过程中，这三道防线是相互联系、相互配合、互为补充的，其最终目的是预防、减少或杜绝犯罪行为的发生和再发生。

第二节　预防青少年犯罪

青少年是祖国的未来，民族的希望，预防青少年犯罪，不仅事关社会主义现代化人才队伍建设，而且关系到建设社会主义现代化强国和更高水平的小康社会宏伟目标的实现。

青少年时期是个体发展最宝贵、最具特色的时期，同时也是人生的"危险期"，这个时期的个体既易接受教育，也容易误入歧途。

美国心理学家霍林沃斯将14岁比作"心理断乳期"，这一时期的个体处于与父母之间的感情逐渐淡化，希冀摆脱父母的"控制"，渴望获得独立的心理状态。

"染于苍则苍，染于黄则黄"，青少年由于思维不成熟，社会经验不丰富，对好坏的识别能力差，所以容易违法犯罪。因此，必须积极采取保护性措施，预防青少年犯罪，促使青少年健康成长。

现代社会预防理论认为，预防青少年犯罪是针对青少年犯罪现象赖以产生、存在的各种可能因素进行的一系列措施。在预防青少年犯罪中，要严守家庭教育、学校教育、社会预防三道主要关口。

一、家庭教育

德国教育学家福禄贝尔说过："家庭教育在青少年成长的每一个时期乃至一生都有着无可比拟的重要性。"

家庭是青少年最早受教育的地方，家长是青少年第一任乃至终身的教师。所以，不当的家庭教育也是导致青少年犯罪的催化剂。据相关研究表明，青少年犯罪与家庭教育不当的关系高达 80%。因此，我们必须要十分重视家庭教育，为预防青少年犯罪建构一道坚固的家庭防线。

在家庭教育中，家长要针对青少年的心理特点，做出有效的防御措施。例如，家长提高自身的素养，以身作则为青少年树立良好榜样，努力营造"温暖"的家庭氛围等。

二、学校教育

学校是继家庭之后对青少年成长具有持久作用的机构，是青少年学习知识、接受培养的主要场所。在家庭教育逐渐减少的情况下，学校教育显得尤为重要。学校应利用教书育人的优势，承担起对青少年教育的责任，为预防青少年犯罪筑起一道坚固的教育防线。在学校教育的过程中，教师应当时刻把握青少年心理特点以及思想脉搏，积极通过因材施教、因势利导等教育方法预防青少年犯罪，解决"校园癌症"（以大欺小、恃强凌弱）、校园暴力等问题。

三、社会预防

青少年的心理特征是希望摆脱对父母的依赖，试图独立地走上社会。在这一过程中，社会对青少年负有教育的责任。

青少年辨别是非和控制的能力比较差，很容易受到不良诱惑的影响。社会预防的目的就是消除或减少不利于青少年发展的因素，给青少年创造一个有利于其身心健康发展的良好社会环境。例如，加强对青少年的教育和保护，加大打击犯罪的力度。

预防青少年犯罪，必须家庭、学校和社会联合起来，这样才能为青少年成长创立一个健康、安全的生活环境。

第三节　预防犯罪政策

　　预防犯罪政策有预防犯罪，维护社会治安，保障社会秩序的作用。落实预防犯罪政策要充分发动和依靠广大群众，进行"综合治理"，主动地防患于未然，预防和减少违法犯罪。

　　预防犯罪政策是指引导社会预防犯罪的方向和措施，是对社会犯罪问题进行综合治理，长时间内预防和减少犯罪的根本政策。其根本宗旨是在党的领导下，以政治机关为骨干，依靠人民群众和社会各方面的力量，综合治理并落实预防犯罪工作。在此过程中，公、检、法三部门要和工厂、学校、商店、机关等单位密切配合，加强治安防范以及基层基础工作，并及时排除安全隐患，维护社会安全稳定，保障人民安全。

　　具体来说，预防犯罪政策依据不同的标准和用途，可以分为青少年犯罪预防政策与一般犯罪预防政策、一般预防政策与特殊预防政策、社会预防政策与情景预防政策和刑罚预防政策。

青少年犯罪预防政策与一般犯罪预防政策是一种传统的分类，其中青少年犯罪预防政策主要适用于青少年犯罪，一般犯罪预防政策主要适用于社会成员犯罪。

一般预防政策与特殊预防政策是在一般意义上，根据预防犯罪的时间、对象、手段等做出的区分。

一般预防政策是指为防止社会成员实施犯罪行为所采取的政策，例如，健全各种法律保障体系，开展各种各样的教育活动、抵制或消除社会上各种消极因素的影响。

特殊预防政策是指采取特殊预防手段和措施，依法对犯罪分子进行监禁和改造，防止他们重新违法犯罪的政策。例如，对屡教不改的犯罪分子进行改造，使其得到教育，防止其再次步入社会后重新犯罪。

社会预防政策、情景预防政策与刑罚预防政策是根据违法犯罪的具体情况进行分类的三种政策。

社会预防政策是预防犯罪的整体措施，是利用社会各方面力量的通力协作，采取政治的、法律的、文化的等各种措施，消除犯罪产生的各种原因和条件，预防犯罪行为的发生。例如，发展经济，提高人民生活水平；普及文化科学知识教育，提高人民文化素质等。

情景预防政策是指通过提高犯罪行为的难度，降低行为人被捕的概率，减少某些高发生率的犯罪行为。例如，在偏僻的道路增设监控，减少犯罪分子趁机作乱的概率；加大反诈宣传力度，提高电信诈骗分子诈骗的难度等。

刑罚预防政策是指国家对刑事犯罪分子予以追究，发挥刑罚的改造教育、震慑、惩罚等功能，进而遏制犯罪行为的政策。例如，通过公开裁决犯罪分子的形式，教育公民自觉守法并敢于同犯罪分子做斗争。

总之，在预防犯罪工作中，要致力于完善和落实具有中国特色的预防犯罪政策，并采取多种多样的手段，积极主动地预防和减少犯罪。

第四节 专门机关预防和群众性预防

　　中国预防犯罪的经验告诉我们，在预防犯罪道路上，"全民预防"胜过"事后严打"。在预防犯罪的工作中，群众性预防与专门机关联防能够起到很好的预防犯罪作用。因此，我们有必要将专门机关和群众路线相结合，进一步确保社会治安大局稳定。

　　维护国家安全，构建社会主义和谐社会，预防和减少犯罪应当坚持预防为主、标本兼治、专门机关和群众路线相结合。

　　专门机关预防是指以消除犯罪原因和条件、预防与减少犯罪为目的的各种专门措施的总和，其主体主要是政法公安机关，包括公、检、法等部门。专门机关是预防犯罪工作的骨干力量，其工作直接影响着预防犯罪工作的全局。

　　专门机关具体的预防犯罪措施有很多，主要包括以下三个方面。

　　第一，运用刑事法律武器与犯罪分子做斗争，并依法揭露、惩罚与改造犯罪分子，如将犯罪分子绳之以法、给予犯罪分子相应的刑事处罚等。

　　第二，由公安机关实施治安行政管理，包括对违法犯罪人员的治安拘留、强制戒毒和专门（工读）教育，

如将有违法和轻微犯罪行为而不适合在一般学校受教育的青少年送入专门（工读）学校，让他们通过一边劳动工作、一边读书学习的方式，改正不良或犯罪行为。

第三，其他专门性的防范措施，如《中华人民共和国刑法》（以下简称《刑法》）规定的禁止令和职业禁止措施。

群众性预防是指在预防犯罪工作中，群众通过加入自治组织的形式，积极维护所在地区和单位的治安秩序，进而起到预防和治理违法犯罪的作用。

群众性预防措施的实施途径主要有以下几种。

第一，发动群众提高防范意识。公安机关及其他执法部门通过宣传工作，提高群众的防范犯罪意识，如通过反诈标语、上门宣传、下载反诈软件赠送小礼品等形式进行宣传。

第二，组织群众建立防范组织。县、街道（乡镇）、居民委员会（村民委员会）三级都要建立预防犯罪组织，各级组织之间相互配合、相互支持，形成预防犯罪合力。

第三，依靠群众落实预防犯罪措施。其一，落实单位内部的各项安全防范制度，堵塞治安漏洞，不给犯罪分子可乘之机；其二，组织群众参与各种预防犯罪工作，如联防队治安巡逻、看楼护院等。

专门机关预防和群众性预防相结合的措施，主要依靠的是团结一心的凝聚力，以及坚持不懈的信心。只有人人参与，人人预防，犯罪行为才有杜绝的可能，社会才能实现和谐和安定。

第五节 开展法制教育预防犯罪

"无规矩不成方圆"。在社会中，法律就是我们处世的"规矩"，违反了法律就要承担相应的处罚。因此，我们每个人都要了解法律、掌握法律，并学会运用法律预防并打击犯罪，保障自己的合法权益。

法制教育是用社会主义民主和法律来教育年轻后代，使他们从小就受到守法教育，懂得履行公民的权利和义务，养成自觉守法的习惯。法制教育是全面提高人民素质、维护社会安全稳定的内在需求，是国家法治建设的百年大计，是建设社会主义法治国家的长远方针。

很多违法犯罪的根源就在于很多人的法律意识淡薄，法律知晓程度与受教育水平不相当，没有形成良好的法律习惯。

针对这一情况，相关部门要多管齐下，培养人民的法制观念，加强人民的法律意识，通过法制教育让人民学会用法律保护自己的合法权益，使用法律武器预防或避免犯罪。具体措施如下。

第一，学习法律常识。帮助公民增强社会主义法制观念，解决日常生活中遇到的实际法律问题。例如，在社区内开展法律知识小课堂，在校园内开展法制教育讲座，设置违法犯罪事件演习等。

第二，培养法制观念。培养人民的宪法观、公民观；使人民树立守法观，明确权利和义务。用犯罪事例解读相关法律，让人民了解法律，并能学以致用，懂得

利用法律保护自己的合法权益。

第三，用法律维护自身权利。法制教育就是要帮助公民知法、守法、懂法、用法。法制教育的目的是让人民懂得依法维权，学会用法律武器保护自己。如在超市买到过期食品，学会用法律维护权益，向超市索要相应赔偿。

第四，法制教育与道德教育相结合。道德教育是指对社会公众进行道德规范的宣传与灌输，使人民形成自觉的道德意识，并自觉遵守道德行为规范。道德是法律之前的一道"社会控制阀"。每个人都可以感知到道德规范的存在，以及对道德规范的认识，因此加强道德教育是进行法制教育的重要途径。

守法的前提是要知法，法制教育就是人民知法的"窗口"。要预防犯罪就要为人民打开这扇"窗"，让人民知法、懂法、守法，并能用法律预防犯罪行为的发生。

第二章
预防犯罪的举措

第一节　天网工程，全天候守卫人民安全

　　此前，一段监控视频在网络上被刷爆。这段监控可以实时监测区分出机动车、非机动车的种类，甚至还能识别行人的年龄、性别、穿着。而它之所以有如此神奇的力量，都要归功于"天网工程"。

　　"天网工程"是指利用设置在大街小巷的大量摄像头，借力 GIS 地图、图像采集、显示等设备和控制软件等设备组成，对一定区域进行实时监控和信息记录的视频监控系统。天网工程不仅是公安机关打击罪犯的法宝，也是城市治安防控的坚强后盾。

　　为了满足城市治安防控和城市管理的需要，公安机关和相关部门一直在努力健全安保系统，尤其是监控系统。经过多年的不懈努力，天网工程被成功研制出来。它可以进行图像采集、控制、传输，也可以对固定区域进行实时监控和信息记录。

　　通常情况下，犯罪分子会在交通要道、公共场所、

医院等复杂场所作案，这些复杂场所监控范围比较大，具有很多潜在的不稳定因素，极易给不法分子可乘之机，并让他们可以顺利"逃之夭夭"。

实施天网工程后，不法分子逃脱的可能性大为降低。因为天网工程会通过交通要道、学校、医院、治安卡口等复杂场所安装的视频监控设备，并利用视频专网、互联网等网络通网把一定区域内的所有视频监控点图像传输到天网工程管理平台。公安机关通过天网工程留存的影像资料，可以更加准确地锁定犯罪嫌疑人，进而快速破获相关刑事案件、交通违章、治安案件等。

同时，在预防犯罪工作中，公安机关也可以通过天

网平台对城市各街道辖区的主要道路、重点单位进行 24 小时监控，以此提高发现、抓捕街面现行犯罪的水平，有效地消除治安隐患。

天网工程涉及众多领域，包含城市治安防控体系的建设、人口信息化建设，以及公共部位监控设施补点和高清监控设施建设、居民区智能电子抓拍系统建设等。

随着科技的发展，天网工程会越来越完善，并且全面覆盖到居民日常生活的各个角落，更好地发挥预防犯罪、打击罪犯的作用。例如，居民区智能电子抓拍系统，为居民出入小区提供了更加安全的防护，也可以有效减少小区内违章停车的情况。

正所谓"天网恢恢，疏而不漏"，天网工程就是为犯罪分子设置的"天网"，在这张"天网"之下，违法犯罪分子将无处可逃！

第二节　打击犯罪，检察公益诉讼在行动

　　2017 年 6 月 27 日，全国人大常委会第二十八次会议作出《全国人民代表大会常务委员会关于修改〈中华人民共和国民事诉讼法〉和〈中华人民共和国行政诉讼法〉的决定》，同年 7 月 1 日正式明确将检察公益诉讼写入这两部法律。自此，检察公益诉讼制度正式确立。

　　众所周知，个人的权益受到了侵害，受害者有权向法院起诉，请求司法救济、赔偿。但如果国家利益、社会公共利益受到侵害，又该如何处理呢？

　　针对这个问题，国家设立了公益诉讼。公益诉讼就是指人民检察院、相关组织和个人，根据法律的授权，依法向法院起诉侵害国家利益、社会公共利益者，并由法院追究其法律责任的活动。

　　公益诉讼按照诉讼主体的不同可划分为检察公益诉讼和一般公益诉讼。在此，我们主要介绍一下检察公益

诉讼在打击犯罪方面所起的作用。

检察公益诉讼包括民事公益诉讼、行政公益诉讼和刑事附带民事公益诉讼。其中，民事公益诉讼和行政公益诉讼是较为常见的诉讼类型。

民事公益诉讼主要涵盖的是生态环境和资源保护、食品药品安全领域，维护的是民事法律规范。

《中华人民共和国民事诉讼法》第五十八条第二款规定：人民检察院在履行职责中发现破坏生态环境和资源保护、食品药品安全领域侵害众多消费者合法权益等损害社会公共利益的行为，在没有前款规定的机关和组织或者前款规定的机关和组织不提起诉讼的情况下，可以向人民法院提起诉讼。

例如，公司将生产过程中产生的废渣、废活性炭等工业固体废物填埋在山坳中，严重损害了当地的生态环境。检察机关有权向法院提起环境民事公益诉讼，请求法院判令该公司赔偿生态环境服务功能损失、鉴定评估等各种损失。

行政公益诉讼主要涵盖了生态环境和资源保护、食品药品安全、国有财产保护、国有土地使用权出让等领域，它维护的是行政法律规范。

《中华人民共和国行政诉讼法》第二十五条第四款规定：人民检察院在履行职责中发现负有监督管理职责的行政机关违法行使职权或者不作为，致使国家利益或者社会公共利益受到侵害的，应当向行政机关提出检察建议，督促其依法履行职责。行政机关不依法履行职责的，人民检察院依法向人民法院提起诉讼。

例如，社保机构未能及时停发判处拘役、有期徒刑的退休人员的养老金，检察机关一经发现，有权督促社保机构停发基本养老金。

现在，检察公益诉讼已覆盖到日常生活中的方方面面，为百姓的日常生活筑起了坚强的法制保障。

此外，各地检察机关还成立了公益损害与诉讼违法举报中心。如果我们在生活中发现了损害国家、社会公共利益的行为，可以通过拨打 12309 热线向检察机关进行举报。

第三节　人民调解，将矛盾消弭于萌芽

人民调解是我国社会主义法制建设中的一项伟大创举，它具有独特的组织形式，完整的工作程序、原则以及特色的法律制度。人民调解工作与人民的切身利益息息相关，直接影响着社会的安定团结。

人民调解是我国法律所确认的一种除诉讼外的调解形式，它是指在人民调解委员会的主持下，调解机构或调解人依照法律法规和道德规范，说服规劝当事人，促使纠纷当事人互谅互解，在自主自愿情况下和解并达成协议，消除纷争的活动。

认真开展人民调解工作，不仅能够缓解社会矛盾，促进社会安定团结和社会主义精神文明建设，还能够预防犯罪，减少犯罪。

2020 年 4 月 16 日，最高人民法院出台了《关于依法妥善审理涉新冠肺炎疫情民事案件若干问题的指导意见（一）》（以下简称"《意见（一）》"）。《意见（一）》

指出：坚持把非诉讼纠纷解决机制挺在前面，坚持调解优先，积极引导当事人协商和解、共担风险、共渡难关，切实把矛盾解决在萌芽状态、化解在基层。

《意见（一）》的颁布大大提升了疫情期间各种纠纷的解决效率，加快了相关部门进行防疫工作的进程，为抗击疫情，重建健康家园提供了重要帮助。

具体来说，人民调解所针对的各种纠纷主要包括以下四个方面。

第一，公民与公民之间的纠纷。例如，邻里、同事、家庭成员、村民、居民之间发生的纠纷。

第二，公民与法人之间的纠纷。例如，农村农民与

村合作组织在财务管理等方面的纠纷。

第三，企业职工与所在企业之间的纠纷。例如，因企业转让、破产发生的纠纷，或因企业拖欠工资发生的纠纷等。

第四，其他纠纷。例如，城市居民与城市市政管理组织、企业事业单位等因危房改造、城市街道市政建设产生的纠纷等。

如果发生调解范围内的纠纷，当事人可以提出调解申请（或人民调解委员会主动调解）。人民调解委员会在进行调查后，查明纠纷的事实经过，会拟定出调解纠纷的实施方案。之后，人民调解委员会主持调解，并制作书面调解协议书，由当事人、承办人签字。

调解达成协议后，人民调解委员会有责任帮助、督促、教育当事人双方自觉履行协议。若没有达成协议，当事人可以通过其他程序进行解决，如申诉、仲裁、诉讼等。

人民调解具有主动性，有利于及时解决矛盾纠纷，防止矛盾纠纷激化。最重要的是，人民调解能兼顾情与法，将矛盾消弭于萌芽，有效预防矛盾激化产生的犯罪行为。

第四节 维护社会正义的人民司法

司法公正是现代社会政治民主、进步的重要标志，是国家经济发展和社会稳定的重要保证。唯有守住司法公正这条底线，才能使人民群众感受到公平正义，才能使人民拥有满足感、获得感、幸福感。

"法治兴则国家兴，法治衰则国家乱"，我国治理国家的本质特征和内在要求是坚持党对全面依法治国的领导。人民司法就是社会主义法治最根本的保证，是社会主义法治之魂。

人民司法是指国家司法机关及相关司法人员依照法定职权和法定程序，运用法律武器处理案件的专门活动。简单来说，人民司法就是司法机关用法律解决现实生活中的一些问题，如知识产权纠纷、家庭继承关系、合同纠纷、刑事案件等。

我国的司法机关主要是人民检察院和人民法院，广义的司法机关还包括国家安全机关、公安机关、司法行

政机关、监狱、军队保卫部门等。

　　人民司法与人民调解的最大区别是，人民司法具有中立性，如果把人民调解比作兼顾情与法的"判官"，那人民司法则是铁面无私的"法官"。更加形象地说，人民司法更像是一位排球裁判。他站在场地之外，立于场地的正中间并高于球网，运动员不一定能察觉触网或过网击球现象，但裁判却能明察秋毫，因此判罚结果也更让人信服。人民司法要做的和排球裁判一样，不偏不倚、公正地对待原告知和被告，力求不受其他因素限制地做出准确判断。

此外，人民司法具有独立性。我国《宪法》第一百二十六条规定："人民法院依照法律规定独立行使审判权，不受行政机关、社会团体和个人的干涉。"

这一条说明我国实行的是法院"独立行使审判权"的原则。审判机关不仅要保证对外独立于当事人，对内也要互相独立。例如，下级法院没有审结所管辖的案件时，上级法院不能对下级法院的正常审判工作进行干预。

人民司法的根本目的是依法保障人民权益，保障人民的财产权、人身权、基本政治权利等各项权利不受侵犯，不断增强人民群众的安全感、获得感、幸福感。

在预防犯罪工作中，人民司法始终是整个预防犯罪工作的有力保证，也是维护公民利益和安全的一道牢不可破的红线。

第五节　感化身心的社区矫正

　　20 世纪 50 年代，罪犯再社会化思潮兴起，以安塞尔为代表的新社会防卫学派提出对罪犯实行再社会化，推行社区矫正。2003 年，我国在北京、天津、上海等 6 个省市实行社区矫正工作试点。2019 年 12 月 28 日第十三届全国人民代表大会常务委员会第十五次会议全票通过了《中华人民共和国社区矫正法》，从此社区矫正进入了有法可依的时代。时至今日，社区矫正已推广至全国。

　　社区矫正是指专门国家机关依法在社区依托社会力量对被判处管制刑、宣告缓刑、裁定假释和决定或批准暂予监外执行的罪犯实施监督管理和教育帮扶的活动。社区矫正的根本目的是通过社会、政府和爱心人士的帮助，使矫正对象弃恶从善，重新回归社会，实现再社会化。

　　在我国，社区矫正是一种全新的非监禁性刑事执行制度，它既具有刑事执行的法定性、强制性，也具有帮助罪犯改过自新的恢复性、更生性。

一方面，社区矫正作为刑事执行活动，既包括了对管制刑犯和暂予监外执行犯的刑罚执行，也包括了对缓刑犯在考察期间内的监督管理和行为矫正，更包括了对假释、暂予监外执行的罪犯进行帮扶和更生保护。执行社区矫正过程中应当严格落实《中华人民共和国社区矫正法》规定的各项制度，坚持监督管理与教育帮扶相结合，专门国家机关与社会力量相结合，采取分类管理、个别化矫正，有针对性地消除社区矫正对象可能重新犯罪的因素，帮助其成为守法公民，让社会变得更加公正、和谐。

社区矫正不是随意性的，而是具有刑事刚韧性的。它是非监禁刑罚执行、短期监禁刑罚附条件暂缓执行和长期监禁刑罚变更执行的综合性刑事执行制度和极其严格的对已决罪犯依法矫正工作。因此，对社区矫正对象的监督管理和教育帮扶不应该是花拳绣腿假把式，而是要下真功夫，切实贯彻落实社区矫正相关法律的规定内容，令矫正对象依法接受社区矫正，服从监督管理。否则矫正对象会因再犯新罪、发现漏罪和严重违反所附条件而被依法严惩，予以数罪并罚或者收监执行。社区矫正对象珍惜自我更新的机会，对社区矫正的各项规定心存敬畏，这样才会真正地达到社区矫正克服监狱弊端、提高教育矫正质量、降低重新犯罪率的目的和目标。

另一方面，社区矫正也是国家实现社会正义、维护社会公平的制度之一。社区矫正有通过弱化监狱的封闭性增加罪犯与社会的联系、促使罪犯掌握相关社会知识以及生活技能的作用，其目的是帮助罪犯摆脱犯罪"标签"的影响，使他们能够更好、更快地重新融入社会，进而起到预防犯罪的作用。因此，社区矫正工作应当依法进行，尊重和保障人权。根据《中华人民共和国社区矫正法》的规定，社区矫正对象依法享有的人身权利、财产权利和其他权利不受侵犯，在就业、就学和享受社会保障等方面不受歧视。

此外，有关部门在帮助社区矫正对象的过程中，不仅要按部就班做好本职工作，还要设身处地为被矫正人员着想。例如，通过召开座谈会、个别谈话等方式，及时了解社区矫正对象的思想动态、现实生活问题，以及学习教育方面的情况，进而制订有针对性、实效性的社区矫正方案和教育帮扶计划。

"左手法律在先，右手关怀在后"，社区矫正不仅要在工作上认真监管，达到管教的目的，更要从生活上帮扶，从心理上感化社区矫正对象，给他们的社区矫正之路带来希望，促使他们早日回归社会。

社区矫正的根本意义是，用真心照亮社区矫正者前行的正道，从根源上治理犯罪生成的各种致罪因素，以及根除他们重新犯罪的可能，最大限度地帮助社区矫正对象顺利融入社会。

第三章
积极预防被侵害

第一节　提升自我安全意识，了解社会安全知识

随着形势的不断变化，犯罪分子的手段越来越多，这让很多人防不胜防。因此，我们要提升自我安全意识，了解社会安全知识，更好地保护自身安全，不给犯罪分子可乘之机。

预防犯罪是一个长期性工作，需要打防并举。在预防犯罪工作中，我们先要提高防范意识，预防被侵害。

某地一名六年级的小学生接到诈骗电话，面对花式骗术和言语恐吓，他用缜密的逻辑和很强的防骗意识让骗子自行挂断电话。事后，他及时报警反映情况，获得了警察的称赞。

生活是美好的，同时也是复杂的。在复杂的环境里，我们不仅要了解社会生活中存在的侵害现象，更要提升自我安全意识。自我安全意识就是人们在头脑中建立起来的安全观念，是人们对生活中各种各样可能给自己

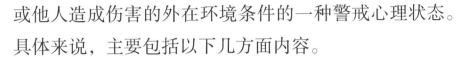

或他人造成伤害的外在环境条件的一种警戒心理状态。
具体来说，主要包括以下几方面内容。

　　1.遵守法律法规及社会公共规范。养成良好习惯，
加强自我修养，自觉抵制违法犯罪行为。

　　2.树立自律、自强意识。培养自律、自强的意识是
进行自我防范的途径之一。

　　3.提高辨别是非的能力。随着科技的发展，犯罪分
子也加强了违法活动的隐蔽性，这就要求我们提高明辨
是非的能力。尤其是在领奖、汇款、输入个人信息等情

况时，应该格外谨慎小心，不轻信陌生人，这样才能避免上当受骗。

4.学会用法律维护合法权益。若遇到犯罪分子侵害，要保护自身安全，避免与犯罪分子面对面接触，事后及时报警或求助身边人。

我们要保护好自己，还需要了解社会安全知识。社会安全是衡量一个国家或地区安全状况的综合性指标，它包括交通安全、社会治安、生产安全、生活安全四个方面，社会安全知识就是与这几方面内容相关的各类规则、规范。

在交通安全方面，我们要遵守交通规则，提高交通安全责任感，不要抱有侥幸心理，时刻牢记"安全第一"。

在社会治安方面，我们要遵守社会公共规范，不扰乱公共秩序。遇到侵害国家利益、社会公共利益的情况，应该及时向相关部门举报。

在生产安全方面，我们要谨记安全为先，不违反生产纪律，不触碰法律红线。同时，在自身权益遭受侵害时，也要勇敢地站出来，用法律维护正义，维持社会公平。

在生活安全方面，我们要排除消防安全、财产安全、

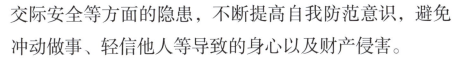

交际安全等方面的隐患，不断提高自我防范意识，避免冲动做事、轻信他人等导致的身心以及财产侵害。

环境越复杂，我们越需要加强防范，提升自我安全意识，了解社会安全知识，为自身权益设置一道坚固的保护屏障，从根源上减少犯罪。

第二节　学会甄别风险，远离犯罪环境

马克·吐温曾说："世界第一击剑手并不害怕世界第二击剑手，他害怕的是那些从未拿过剑的未知对手。"在现实生活中，我们不仅要远离违法犯罪分子，更要学会甄别风险，远离犯罪环境。

近年来，违法犯罪分子借助网络贷款、集资等多种"外衣"，频繁对社会阅历较浅、防范意识不强的人群下手。一些人不幸落入陷阱，不少人甚至反复被骗。

某地刘女士在网上发布求职信后，立即有人添加她的微信，向她介绍刷单赚钱的工作。刘女士头脑一热，向对方转账 2 万元作为保证金。事后，刘女士发觉被骗立即报警。谁知，她后来又因相信别人可以把钱追回的说辞，向不法分子前后转账 8 万元。

"世界上最长的路是违法犯罪分子的套路"。面对犯罪分子层出不穷的"花招"，我们要提高自我防范意识，还要提高辨别是非的能力，甄别风险，拆穿犯罪分子的

"套路"，进一步压缩犯罪分子的生存空间。

面对形式多样的犯罪套路，我们到底该如何甄别和防范呢？

首先，我们要认清犯罪的本质和危害。犯罪是一件损人不利己的事情，我们要时刻远离犯罪环境，以违法犯罪为耻，坚决远离违法犯罪分子。

其次，我们应该提高辨别是非的能力，坚信"天上不会掉馅饼"，自觉抵制各种诱惑。尤其是遇到"快速致富""高额回报""轻松挣百万"这种陷阱时，一定要冷静分析，避免上当受骗。

最后，我们要增强理性意识。遇到各种情况时，要仔细甄别对方的行为是否合法，从事的活动是否获得相

关部门的批准等，利用法律知识揭穿违法犯罪分子虚假的面目。

我们遇事要理性分析，不断提高自己的信息甄别能力。网络是很多犯罪分子趁机而入的途径，在进行购物、交友、求职等网络活动时，我们要仔细识别和分析各种信息，甄别出虚假信息、违法信息，不给违法犯罪分子可乘之机。

每个犯罪活动背后都孕育着诸多罪恶，这些罪恶不断侵蚀着国家与公民的利益，危害着社会的安定。在犯罪分子以及犯罪行为面前，我们应该学会甄别风险、明辨是非，绝不落入违法犯罪分子的"圈套"。

第三节　不轻信、不盲从，不接受群体性压力

只有防微杜渐，才能防患于未然。预防违法犯罪要从杜绝不良行为做起，做到不轻信、不盲从，不受制于群体性压力，能够自觉抵制诱惑，具有自我控制能力，才能与犯罪活动隔绝，避免受到侵害。

一切危害社会、触犯法律的行为都是犯罪，一旦犯罪就必然要受到社会的谴责，以及法律的刑罚。然而，如今违法犯罪者不在少数，每天都有违法犯罪活动发生，其根源到底是什么呢？

犯罪行为之所以屡屡发生，根本原因在于很多人的法制观念淡薄，不能明辨是非，或者在群体性压力下被迫犯罪。因此，要实现预防犯罪的目标，就要从根源出发，让绝大多数人做到不轻信、不盲从，不受制于群体性压力。

不轻信是指不轻信他人言语，特别是有意为之的谣言。

　　小王上班时接到电话，说她的包裹因为违法被扣，如需领取需要先预付保证金。小王情急之下，打开手机就要汇款。转念间，她想起同学前两天被骗的事情，顿时发觉这是一个骗局，立刻终止了汇款。事后，小王庆幸自己及时清醒，没有听信骗子的话。

　　不法分子在采取侵害活动时，往往会设计一套天衣无缝的说辞，企图用言语蛊惑人心，使人上当，骗取钱财。

　　在这种情况下，我们要做的就是保持清醒的头脑，识别不法分子的谎言、谣言，不跳入不法分子设计的"圈套"之中。

　　不盲从是指不盲目跟风，三思而后行，即使认同别人的言语和行为，也要自己理性思考后再做决定。

　　这天，小陈给小张打电话，说自己被人欺负了，如果是兄弟一定要过来帮他打架。虽然小张和小陈关系要好，但是他明确拒绝了小陈的邀请，并告诉小陈，打架是错误的，要用正确的手段解决问题。小陈深觉惭愧，选择了找警察来处理这件事情。

　　无论是发生纠纷，还是发生事故，武力和任何违法行为都不是解决事情的好方法。遇到任何事情，我们都要保持自己的立场，不轻易跟随他人的言语或行为行事，恪守法律底线与道德底线。

　　不受制于群体性压力是指不受群体影响，盲目随波逐流，触犯社会准则和法律法规。如不迫于公司群体压力，共同隐瞒公司偷税、漏税行为；不受制于吸毒团伙的压力，与其一同沾染毒品等。

第四节　遇到侵害，要积极巧妙寻求帮助

　　当遇到不法侵害时，要保持冷静、积极巧妙寻求救援，并且要保全证据。在不法分子面前，不提倡硬拼蛮斗，而是要始终把生命放在第一位，要与不法分子智斗，力求在最短时间内寻求帮助，获得解救。

　　如果你遇到侵害会如何做？是与不法分子展开一场殊死搏斗，还是灰心丧气放弃自救？这两种做法都是不对的，其结果要么是激怒不法分子，致使自身受到伤害，要么是助长不法分子的嚣张气焰，使其变本加厉。

　　生命永远是第一位的。当我们遭遇侵害时，一定要在保障生命安全的前提下，积极巧妙地寻求帮助。

　　第一，当遇到侵害时应当保持镇定。在不法分子面前不要自乱阵脚，要不断提醒自己，坏人是害怕被发现的。这个时候，你的镇定自若就是对不法分子的一种震慑。当不法分子流露出恐惧时，这或许就是你逃脱的最

佳时机。

第二，第一时间保留证据。当我们受到了侵犯，只有证据是可以将不法分子绳之以法的利器。

小张下班回家时，遭遇不法分子抢劫。在不法分子威胁之时，小张发现不远处有监控录像。于是，小张假装害怕逃跑，来到监控下面。此时，不法分子掏出刀威胁小张交出钱财，小张并没有继续反抗，而是将钱财交给了不法分子。待不法分子走后，小张立刻报警，并提醒警察这里有监控录像。根据监控录像，警察很快抓到

了不法分子，并追回了小张的钱财。

第三，寻找各种求助办法。当我们受到侵害时，要积极寻求帮助，如拨打 110 等。若情况比较危急，我们则要审时度势，抓住周围所有有利条件进行求助。如利用"呼救法""恐吓法""周旋法"等摆脱不法分子对自身的控制，逃离险境。

小袁周末独自外出逛街，不料不法分子一把拉住她，边说她是自己的妻子，边趁机将她拉上车。周围人见此，都以为是夫妻两人吵架，没有人理会。小袁急中生智，将自己的身份证扔给路人，反问不法分子自己的名字和家庭住址。不法分子见事情败露，想要逃脱，周围人立刻将其拦截，并将其擒住交给警察处理。

第四，及时反映和检举。当自己的权益受到侵犯时，公民可以向相关部门进行反映、申诉和检举。

第五，报警。当人身受到侵害的时候，千万不能冒着危险，使用以暴制暴或者其他不利于人身安全的报复行为进行反击。最好的办法是在脱离危险后立刻报警，利用法律武器来保护自己，让不法分子得到应有的惩罚。

生命无价，当我们受到侵害时，要审时度势，不要盲目反抗，更不要胆怯和退缩，只有积极寻求帮助，才能保护我们的人身安全。

第四章
预防妨害传染病防治罪

第一节　了解妨害传染病防治罪

传染病是病原体通过各种途径侵犯人体，并在人类之间传播，并且导致一定的流行的疾病。传染病具有流行性、地方性、季节性、重复感染的特征，它严重危害人类的健康和生命。我国制定了妨害传染病防治的相关法律条款，严禁任何人干预或妨碍传染病防治工作。

妨害传染病防治罪是指违反传染病防治规定，引发甲类传染病传播或传播、扩大传染病危险的行为。

《刑法》第三百三十条规定：有下列情形之一，引起甲类传染病以及依法确定采取甲类传染病预防、控制措施的传染病传播或者有传播严重危险的，处三年以下有期徒刑或者拘役；后果特别严重的，处三年以上七年以下有期徒刑：

（一）供水单位供应的饮用水不符合国家规定的卫生标准的；

（二）拒绝按照疾病预防控制机构提出的卫生要求，对传染病病原体污染的污水、污物、场所和物品进行消毒处理的；

（三）准许或者纵容传染病病人、病原携带者和疑似传染病病人从事国务院卫生行政部门规定禁止从事的易使该传染病扩散的工作的；

（四）出售、运输疫区中被传染病病原体污染或者可能被传染病病原体污染的物品，未进行消毒处理的；

（五）拒绝执行县级以上人民政府、疾病预防控制机构依照传染病防治法提出的预防、控制措施的。

单位犯前款罪的，对单位判处罚金，并对其直接负责的主管人员和其他直接责任人员，依照前款的规定处罚。

其中，甲类传染病的范围，依照《中华人民共和国传染病防治法》（以下简称《传染病防治法》）和国务院有关规定予以确定。

2020 年 1 月，某地区实行"封城"管理。尹某某在无运营许可证的情况下，两次驾驶小型客车接送乘客往返于两地之间。几日后，尹某某被确诊为新型冠状病毒性肺炎病例，其所接送的 20 余名乘客因与其密切接触被集中隔离。

2 月，当地人民检察院以妨害传染病防治罪起诉尹某某，人民法院查证核实后，采取了检察机关量刑建议，当庭以妨害传染病防治罪判处尹某某有期徒刑一年。

尹某某知晓"封城"依旧驾驶客车运送乘客，并且没有取得运营许可证，这一行为导致传染病传播，对其他人的生命造成了严重危害。新型冠状病毒性肺炎是采取甲类传染病的预防、控制措施的传染病。因此，尹某某被以妨害传染病防治罪进行了刑罚。

传染病是一种流行性的危害比较严重的疾病，各类传染病一旦爆发，便会迅速侵害人们的身体健康，影响人们的生产和生活。因此，很多国家早已将传染病防治管理法律化。

我国自 1955 年开始，就针对传染病防治颁布了《传染病管理办法》，此后不断对其加以完善和补充。1989 年，颁布实施了《传染病防治法》，此后又进行了两次修正。这一法律对预防、控制和消除传染病发生及传播，以及保障人民的生命安全具有重要意义。

对我们来说，遵守《传染病防治法》不仅能保障自身安全，更能维护社会安定。尤其是在新冠疫情还未结束的今天，我们更要做好防护，遵守相关法律规定，维护自身利益及国家利益。

第二节　如何认定妨害传染病防治罪

2022 年 5 月，中部地区某市通报多人妨害传染病防治的案件：三名核酸检测为阳性的病例分别实施"擅自外出，进出公共场所不扫码，故意隐瞒行程轨迹，不执行居家隔离政策"等行为，涉嫌妨害传染病防治罪，被公安机关刑事立案侦查。

妨害传染病防治的犯罪事关人民群众身体健康、人身安全以及公共卫生安全，我们要特别予以重视。

那么，在执行《传染病防治法》过程中，检察机关应该如何做到严格准确适用妨害传染病防治罪名，正确且严厉打击相关违法犯罪分子呢？

第一，依照法律法规准确界定妨害传染病防治罪。妨害传染病防治罪规定的"违反《传染病防治法》的规定"，除了《传染病防治法》以外，还应当包括《中华人民共和国传染病防治法实施办法》《传染病防治法规定管理的传染病诊断标准（试行）》等一系列有关传染病防治、控制、管理的法律法规、部门规章及其他规范性文件。

简单来说，可以从以下两个方面界定妨害传染病防治罪：公权力机构应当履行防控传染病的义务和职责；一般人应当服从传染病防治、防控需要采取的各种应急性管理规定，如不参加或不开展集体性活动，公共场合佩戴好口罩等。

第二，依照法律法规，明确妨害传染病防治罪的危害行为。在行为方面，妨害传染病防治罪的危害行为是指《刑法》第三百三十条所规定的四种情形。

从该法律条款中不难看出，妨害传染病防治罪的危害行为主要表现在：实施了不遵守、不执行《传染病防治法》以及传染病防控措施规定的行为。

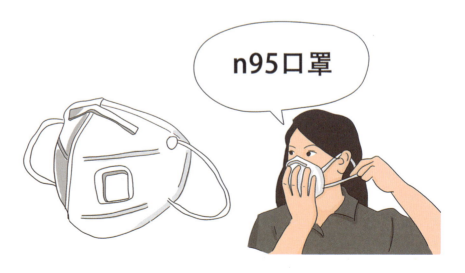

通过 2020 年至今的新冠疫情防控实践工作可以看出，妨害传染病防治罪大多为隐瞒、逃避等不作为，以及故意拒绝疫情防控措施等行为。如以下两则案例：

某地检察院通报了两起涉嫌妨害传染病防治案：犯罪嫌疑人吴某某一再故意隐瞒去过疫区城市的事实，拒绝配合医护人员采取防治措施；犯罪嫌疑人田某某擅自收治发热病人，并替村民代收、发快递，引发新冠疫情传播，造成数百名群众被隔离。

第三，判断是否引起传染病传播或者有传播的风险。拒绝遵守、执行疫情防控措施所引起的公共安全的危险，存在传播病毒的重大可能性和紧急性等行为都属于妨害传染病防治罪。

广大群众要预防妨害传染病防治罪，就要做到自觉遵守各项防控措施，这样病毒才能真正远离我们，社会才会变得更加和谐、安定。

第三节　理解防疫政策，听从防疫指挥

传染病防控是一场没有硝烟的战争。传染病犹如洪水猛兽，一旦爆发，则万千家庭都会陷入水深火热之中。在传染病防治工作中，我们要做到理解防疫政策，听从防疫指挥，齐心协力共抗疫情。

传染病的危害非同寻常，要想打败病毒不能只依靠政府及相关部门，还要依靠我们每一个人。我们只有严格遵守防疫政策，听从防疫指挥，才能打赢防控疫情这场仗。

某社区检测点上有这样一个"硬核"家庭：王先生和妻子同为党员，新冠疫情开始后，他们就带着两个孩子来检测点报到，一家四口自愿成为志愿者，协助医护人员进行核酸检测。在这场疫情防控战中，他们一家人用实际行动上演了防疫一线的"全家总动员"。

自 2020 年新冠肺炎疫情发生以来，以习近平同志为核心的党中央始终将人民群众的身体健康和生命安

全放在第一位，并紧紧依靠人民群众坚决打赢疫情防控战。面对疫情，我们要坚定信心、同舟共济、精准实施防疫政策，听从防疫指挥；我们还要严格遵守防疫政策，不给医护人员、相关部门添麻烦。

1.严格遵守当地出行要求，远离疫区。传染病防治的首要原则就是做好隔离措施，避免传染病在人群密集场所产生大面积传染。因此，在疫情期间，做好疫区的防护工作以及其他地区的防控工作是首要任务。

2.出行做好防护措施，不举行或不参加聚集性活动。个人要做好防护措施，如佩戴口罩、勤洗手等，以及避免聚集性活动，防止传染病传播。

3.注意个人卫生及防护。日常生活中，做好个人防护措施，勤消杀，争取将病毒扼杀在"摇篮"里。

4.根据单位或地区的要求，定时进行核酸检测，提供检测证明。超市营业员、医护、教师等特殊行业人员，需要根据实际情况定时提供核酸阴性证明，保护个人及周围人的人身安全。

5.积极注射传染病疫苗。符合传染病疫苗注射条件的个人，应当积极及时地注射传染病疫苗，提高自身免疫力，从根源上抵抗病毒。

6.听从其他相关部门的防疫指挥，积极配合疫情防控工作。

相信只要我们积极配合防疫工作，众志成城共抗疫情，病毒就会被我们打败，整个社会也终会"守得云开见月明"。

第四节　发现犯罪行为，及时报警

> 传染病一旦扩散开来，影响的范围会很广。在抗击传染病的关键时期，全国人民不仅要众志成城共战疫情，更要坚决抵制涉疫的犯罪行为。

疫情面前无小事。在疫情防控期间，做好防护十分重要，与此同时我们还要随时保持警惕心，严防不法分子趁机作乱，妨害传染病防治，威胁社会公共安全。一旦发现犯罪行为，我们一定要及时报警，防止事态扩大。

早在 2003 年非典疫情时，最高人民法院、最高人民检察院为依法惩治妨害预防、控制突发传染病疫情等灾害的犯罪活动，保障预防、控制突发传染病疫情等灾害工作的顺利进行，切实维护人民群众的身体健康和生命安全，发布了《关于办理妨害预防、控制突发传染病疫情等灾害的刑事案件具体应用法律若干问题的解释》，其中规定：患有突发传染病或者疑似突发传染病而拒绝接受检疫、强制隔离或者治疗，过失造成传染病传播，情节严重，危害公共安全的，按照过失以危险方法危害公共安全罪定罪处罚。

李某是某地医院的职工，春节后到某市的中医药大学进修，在校期间感染某乙类传染病（按甲类传染病管理），随后乘车返回家乡，在其父亲的小诊所进行治疗。大约半个月的时间，李某的父亲、母亲、妻子和诊所的一名护士相继被传染，其父母、妻子因医治无效死亡。李某的父亲死亡后，卫生防疫部门依照《中华人民共和国传染病防治法实施办法》准备对遗体进行处理，遭到李某的阻挠。之后，李某被疾控部门管控并进行隔离治疗。李某在隔离治疗期间，明知自己是染疫人员，仍拒不服从隔离治疗措施，还砸破病房的窗户逃跑，进入公共场所活动长达8个小时，在社会上造成恐慌。公安局出动警力，采取强制措施才将其制服。

某地公安局以李某涉嫌妨害传染病防治罪和涉嫌以危险方法危害公共安全罪，向当地人民检察院提请逮捕，人民检察院批准逮捕。李某痊愈出院后，被公安机关正式逮捕。

李某染疫后，躲在自家诊所进行治疗，导致多人感染和死亡，在被隔离治疗期间逃脱，还进入公共场所，可见李某对违背疫情防控措施有充分认识，知道自己的行为具有危害性，又造成了疫情传播的严重后果。所以，李某被以涉嫌妨害传染病防治罪和涉嫌以危险方法危害公共安全罪逮捕。

在疫情期间，我们要遵守疫情防控相关规定，如果发现违反疫情防控的相关犯罪行为，要及时向公安部门反映情况，避免传染病传播，造成严重危害。

传染病防控的最终目的是治愈所有病患，彻底隔绝传染病病毒，而不是打击和抵制病患。因此，当我们或身边的人染疫了，应该早日积极治疗，防止病毒扩散，而不是包庇病患或讳疾忌医。

在防治传染病时，我们要做到"三早"：早发现，早治疗，早处理，这样才能早痊愈，早健康，早安全。我们举报相关的犯罪，是在用法律武器保护自身安全和群众安全，这是每个公民义不容辞的责任。

第五节　不隐瞒信息，积极配合调查

　　疫情防控是一个全局性工作，不仅需要防控人员的努力，也需要每一位群众的积极配合。如果隐瞒信息，不配合防疫工作，不仅会影响自己及他人的健康，还要承担相关的法律责任。

　　2022年，多个地区相继发生聚集性疫情，疫情防控压力日益增加。在疫情防控工作中，一些群众不配合、不如实告知行程等情况更是加大了防控的难度，拖延了疫情防控工作。

　　传染病具有快速、不可控等特性，出现疫情若不能第一时间得到控制，其结果无法想象。为了保障疫情防控工作的顺利进行，群众应当如实报告个人信息，高度配合相关调查。

　　为了帮助大家认清违法行为带来的不利后果，推动疫情防控工作依法高效进行，我们应当注意以下问题。

　　第一，纳入核酸检测范围的人群，应积极参加统一的核酸检测。如果一些人不参加统一的核酸检测，其行为将被作为失信信息录入公共信用信息平台，进而影响到个人的任职、信贷等。

若其情节恶劣，还会受到警告、罚款、拘留等治安管理处罚，甚至还有可能以妨害传染病防治罪被定罪处罚。

小黄是超市工作人员，因近日工作繁忙，她错过了一次核酸检测，经理要求她回家进行核酸检测。小黄不服从经理的管理，跟经理大吵了一架，还损坏了部分超市物品。

经理见此，选择报警处理。警察核实情况后，将小黄拘留并处以罚款。拘留期间，警察耐心告知小黄相关法律法规。小黄听完，深觉惭愧，保证今后一定配合防疫工作。

第二，出入小区、超市、菜市场等聚集性场所，主动配合健康信息核查，并全程正确佩戴口罩。

第三，封控、封闭小区的居民要严格按照《健康管理工作指引》的规定，居家进行隔离。

第四，健康码为红码、黄码的人员，应当按照规定进行隔离医学观察或者居家健康监测。

第五，疫情防控期间，居民不能违反规定外出参加餐饮、娱乐、打牌等聚集性活动。

第六，疫情防控管理期间，居民不得在家庭住所开设麻将档、辅导班等，不得违规售卖感冒药、发烧药等药品。

第七，任何人不得隐瞒病情、行程信息、与确诊病例或疑似病例的接触史。

第八，有发热、干咳、鼻塞、流涕、咽痛、肌痛和腹泻等症状的人员，应当按照疫情防控要求，及时到发热门诊就医。

第九，任何人员都要配合疾控和公安部门开展的疫情流行病学调查工作。

第十，任何人不得以博眼球、恶作剧、商业目的等理由编造、散布或传播虚假的疫情信息。

为此，在疫情防控中，我们要时刻服从防控部门安排，积极配合防控部门的工作，为疫情防控工作贡献自己的一份力量。

第五章
预防电信网络诈骗

第一节 了解电信网络诈骗类型

> 一天，周先生接到了一个显示为上海区号的固定电话，对方自称为上海市公安局的警察，并称周先生牵涉到一个巨额洗黑钱的案件。周先生一听方寸大乱，连忙询问该如何处理。对方见周先生上钩，一步步指示周先生在网上操作。一通电话结束，周先生被骗了20万元。

在现实生活中，类似周先生这种被诈骗的事情发生了很多。很多人仅仅因为一通电话、一条短信或网络信息，就轻易被骗走了巨额财产。这种就是我们常说的电信网络诈骗，它是一种新型网络犯罪活动。

电信网络诈骗是不法分子通过电话、短信或网络等形式，编造虚假信息，远程、非接触式诈骗受害人，诱使或威胁受害人打款或转账的犯罪行为。

电信网络诈骗的概念，我们已经知晓了，但是应该如何避免像周先生这样的悲剧呢？正所谓"知己知彼，百战不殆"，我们要想避免电信网络诈骗，就要了解不法分子所有的电信网络诈骗花招儿。

一般来说，电信网络诈骗的类型主要有以下几种。

第一，仿冒身份诈骗。不法分子通过伪装，冒充亲友、警察、领导、机关单位人员等身份进行诈骗。在导读中，周先生遇到的不法分子就是利用这种方式，假冒警察来骗取周先生钱财。

第二，购物类网络诈骗。不法分子通过客服退货、虚假网店、各种虚假优惠信息来实施诈骗。如不法分子冒充网店客服，对受害人谎称缺货，要给受害人退款，以此引诱受害人提供银行卡号、密码等信息实施诈骗。

小程在某网站购物时，突然收到"网店客服"的信息，告知她所购买的衣服暂时缺货，请她及时填写个人信息申请退款。小程没多想就打开对方发的链接填写个人信息，并输入对方发来的验证码。几分钟后，小程不仅没有收到退款，银行卡里的钱也全部没了。

第三，活动类网络诈骗。不法分子通过微博、微信等社交工具发布各种虚假活动信息，引诱用户参与活动，以此实施诈骗。

第四，虚构险情类网络诈骗。不法分子通过捏造各种让用户不安的消息，如家人被绑架、亲人住院亟需用钱等消息实施诈骗。

第五，日常生活消费类网络诈骗。不法分子虚构日常生活中的各种消费、缴费等消息实施诈骗，如冒充房东短信、机票改签等。

第六，钓鱼、木马病毒类网络诈骗。不法分子用伪装的电子商务、银行等网站窃取用户账号密码及个人信息实施诈骗。

第七，提供特定服务类网络诈骗。不法分子以可以提供各类非法服务为诱饵，对受害人实施诈骗。如处理交通违章短信、办理信用卡等。

第八，其他新型违法类网络诈骗。如用短信链接、结婚电子请柬、电子相册等进行诈骗。

随着科技的进步和发展，不法分子实施电信网络诈骗的手段也在不断更新、层出不穷。因此，我们要时刻保持警惕，严防不法分子的各种诈骗套路，千万不要轻信来历不明的电话、短信等。

第二节　电信网络诈骗的认定与处罚

　　2021 年 6 月 22 日，最高人民法院、最高人民检察院、公安部联合发布《关于办理电信网络诈骗等刑事案件适用法律若干问题的意见（二）》，对于电信网络诈骗犯罪以及涉手机卡、信用卡犯罪等关联犯罪，提出了更加明确具体的适用法律依据，对电信网络诈骗犯罪实行全链条、全方位打击。

　　电信网络诈骗是高发、多发的一类新型网络犯罪，人民群众对此深恶痛绝。2021 年一整年，全国共破获 39.4 万余起电信诈骗案件，抓获 63.4 万名犯罪嫌疑人。

　　随着社会信息化进程的发展，电信网络诈骗案件更为多发、高发，并且犯罪分子作案手段也具有变化快、迷惑性强、防范难度大的特征。针对这一情况，全国公安机关坚持狠抓打击治理，坚决遏制此类犯罪的高发势头。

　　另外，为依法惩处电信网络诈骗犯罪活动，保护公民、法人及其他组织的合法权益，我国相继出台了各类法律法规。如最高人民法院、最高人民检察院、公安部在 2021 年 6 月联合发布的《关于办理电信网络诈骗等刑事案件适用法律若干问题的意见（二）》（以下简称《意见（二）》）中，针对电信网络诈骗提出了更加明确的法律依据。其中，很多条款都对电信诈骗的认定做出了明确的规定和惩罚措施。

《意见（二）》第五条规定：

非法获取、出售、提供具有信息发布、即时通信、支付结算等功能的互联网账号密码、个人生物识别信息，符合刑法第二百五十三条之一规定的，以侵犯公民个人信息罪追究刑事责任。

对批量前述互联网账号密码、个人生物识别信息的条数，根据查获的数量直接认定，但有证据证明信息不真实或者重复的除外。

第六条规定：

在网上注册办理手机卡、信用卡、银行账户、非银行支付账户时，为通过网上认证，使用他人身份证件信息并替换他人身份证件相片，属于伪造身份证件行为，符合刑法第二百八十条第三款规定的，以伪造身份证件罪追究刑事责任。

使用伪造、变造的身份证件或者盗用他人身份证件办理手机卡、信用卡、银行账户、非银行支付账户，符合刑法第二百八十条之一第一款规定的，以使用虚假身份证件、盗用身份证件罪追究刑事责任。

实施上述两款行为，同时构成其他犯罪的，依照处罚较重的规定定罪处罚。法律和司法解释另有规定的除外。

坚持打击、防范电信网络诈骗是公安机关的职责，在公安机关治理电信网络诈骗的同时，广大群众也要时刻擦亮眼睛，看穿不法分子的各种圈套，切实保护自身的合法权益。

第三节 "量身定做"，识别电信网络诈骗套路

近年来，我们在公共场所、居民小区等地方都能看到张贴的电信网络诈骗警示提醒，报刊、网络、电视上也经常会讲解防骗知识，甚至在进行转账业务时，银行工作人员都会提示防范电信网络诈骗。但是，为什么还是会有很多人接二连三地被骗呢？

其实，很多人之所以会上当被骗，其根源在于没有看穿电信网络诈骗的套路。

虽然电信网络诈骗分子的诈骗手段与时俱进、更迭迅速，但其根本是"换汤不换药"的。说到底，所有的电信网络诈骗只有一个目的：骗走你的钱。只要我们牢牢地抓住"钱"这个核心，绝大部分的人都能妥善应对电信网络诈骗。

具体来说，针对不同类型的电信网络诈骗，我们可以采取不同的方式方法来识别。

一、冒充身份诈骗的防范方法

1. 确认对方身份真实性以及言语真伪。骗子虽然有自己一套完满的说辞，但是假的成不了真，只要我们稍微认真思考，仔细分辨，很容易就能识破他们的身份。

小蒋跟朋友逛街时，收到一条微信消息，"同学"称急需一笔钱。小蒋信以为真，但是朋友提醒她要小心防范。于是，小蒋用朋友的手机给同学打电话确认。这一打才知道，原来同学的微信号被盗号了，在微信里向小蒋要钱的是个骗子。

2. 多问对方几个私密问题，确定对方身份。如近日发生的事情，自己的家庭状况，购买货物的具体信息等。

3. 不要主动猜测对方是谁。识别"猜一猜"诈骗活动，不去主动猜测对方是谁，以免掉入对方设置好的陷阱中。

4. 不盲目答应对方要求。不因为对方着急、情绪焦灼，而被错误引导，要具有基本的辨别能力。

5. 亲自到相关部门具体办公地点咨询。要始终牢记，公安机关、司法部门不会通过电话要求群众转账。

二、网络购物诈骗的防范办法

1. 不贪图便宜。不要相信各种虚假优惠活动，对与市场价格相差较大的网络商品要保持足够警惕。

2. 拒绝一切提前支付、提前确认方式，不点开可疑链接，选择收到实物后再支付钱款或者有第三方平台做担保的网上购物方式。

3. 选择知名的大型购物网站。尽量不要在不知名的小网站购买商品，以免出现钱物两失的情况。

三、虚构事实诈骗的防范办法

1. 接到亲人住院、被绑架等电话、短信时，一定要沉着冷静，及时弄清情况，选择报警解决问题。

2. 通过其他亲人、朋友、子女、同事等关系进行核实，再三确认情况的真实性。

四、虚假中奖诈骗的防范办法

1. 不参加虚假机构或网站组织的抽奖活动。要牢记正规机构、网站组织绝对不会让中奖者先交钱，后兑奖。

2. 确认真实情况。对方提出先付手续费时，可以询问对方是否能够直接从奖金中扣除，如果对方说不能，一定属于电信诈骗，此时一定要马上挂断诈骗电话，不要犹豫。

"天上不会掉馅饼"，无论什么时候，我们都不轻易提供个人信息、不轻信对方的任何话语，就能有效防止电信网络诈骗。如果在某些问题上存在疑问，要向亲友、专业人士或公安机关咨询、核实。

第四节 提升个人信息安全意识

日常生活中，我们办很多事都需要提供个人信息。但是，你是否知晓，在很多不经意间你提供的个人信息会被不法分子获得？而不法分子则会利用你的个人信息进行电信网络诈骗。

生活在网络信息时代，我们的生活变得更加方便、快捷。但与此同时，我们的个人信息也更容易泄露。很多由于个人信息泄露、非法买卖而导致的恶性事件不仅侵犯了他人的隐私，还给很多家庭带来了钱财和精神上的损失。

那么，在电信网络诈骗高发、多发的形势下，我们应该如何保护好个人信息安全，进而保护好自身安全与权益呢？

一、个人信息是"秘密"，不要轻易泄露

姓名、身份证件号码、家庭住址等都是用途比较广泛的个人信息，在填写或告知他人这些基本信息时一定

要谨慎小心，不要轻易透露给陌生人。

　　另外，不要轻易在网络上输入个人信息；不要点击不明链接；不要在公共电脑上留下个人信息。

　　小路平时防范意识很强，格外关注个人信息的安全。一天，朋友帮她拿快递时，发现她留的名字是路淘宝，一时好奇便问她为什么。小路说："我每次都在不同的软件留下相关的名字，比如路淘宝、路多多，这样我的个人信息一旦泄露，我就知道到底是谁'出卖'了我。"

二、时刻保密银行卡信息

　　切记不要将个人银行卡卡号、有效期、密码等非常重要的信息透露给他人；收到信用卡密码信封时，要注意查看信封是否完整；避免将电话、生日等明显信息设置为密码，尤其是不要在卡片背面直接写密码。

三、亲力亲为办理银行业务

无论是申请信用卡、银行卡，还是修改信用卡、银行卡信息，都要本人持有效证件，通过正规渠道进行办理，千万不要通过中介机构或他人进行办理；银行卡、信用卡申请成功后，应当立即在卡的背后签名并妥善保管。

四、银行卡使用有"度"

补发新的银行卡、信用卡后，要及时销毁旧卡的磁条或芯片；若发现银行卡产生了不明账单，应当第一时间与发卡银行联系。

五、及时挂失丢失或异常的银行卡

银行卡丢失或出现异常情况时，要及时联系发卡银行进行挂失，避免不法分子盗刷钱财，导致财物损失。

六、使用重要证件时打标识

在复印个人身份证件、银行卡等重要证件，或提供重要证件网络信息时，建议在证件复印件或照片显著位置注明用途，如"仅限××小区××号房屋租赁使用，复印无效"等。

总之，我们在日常生活中要不断提高个人信息安全意识，时刻注意保护个人信息安全，预防电信网络诈骗。

第五节　防患于未然，安装"国家反诈"软件

电信网络诈骗案件持续高发、多发，面对花样百出的诈骗方式，我们到底该如何防止被骗？其实，我们除了要提高防范意识，保护好个人信息以外，还要拥有"反诈神器"——"国家反诈"App。

为了守护人民的"钱袋子"，公安机关费尽心思，使出了浑身解数，公安干警走街串巷宣传反诈、制作反诈横幅、将反诈信息印在各种商品袋上……但怎奈诈骗分子的手段一再升级，在这种情况下，我们不妨动动手下载一个"国家反诈"App，轻松拥有一个24小时在线的防骗神器。

"国家反诈"App是一款由公安部刑事侦查局组织开发的App，其研发目的在于帮助用户建立电信网络诈骗举报渠道，增强电信网络诈骗防范宣传，维护电信网络安全，构建良好的电信网络环境。其制定的程序和机制严格遵守《中华人民共和国网络安全法》和相关法律

规定，在技术和管理上具有良好的信息安全技术及管理制度。

"国家反诈" App 可以称得上是集诈骗预警、快速举报诈骗、防诈知识学习于一体的反诈神器。并且，任何使用这款 App 的人都不用担心个人信息会泄露。那么，这款软件具体有哪些反诈功能呢？

其一，它可以为你提供防骗保护。当用户收到涉嫌电信诈骗的电话、短信、网址时，"国家反诈" App 可以智能识别骗子身份并及时预警，极大地降低用户被骗的可能性。

小杨接到陌生电话称她涉嫌违法，正当小杨为此摸不着头脑时，一条来自"反诈中心"的短信提醒她，她所接到的电话已经被举报涉嫌诈骗，不要继续联系对方。小杨恍然大悟，她之前知道"国家反诈" App 有预警功能，但都不太相信，经过此事，她彻底成了"国家反诈" App 的"迷粉"。

其二，及时封杀非法刻意的电信诈骗分子号码及信息。用户在使用"国家反诈" App 的过程中，如果发现可疑的手机号、钓鱼网站、短信、网络信息等，可以在 App 内进行在线举报，为公安机关提供更多的反诈线索。

　　其三，定期推送反诈文章。"国家反诈"App会定期推送电信网络诈骗的相关信息，如推送最新诈骗案例，以此来提高用户的防诈骗意识。同时，"国家反诈"App还可以根据用户的年龄、职业等不同特点，测试被骗风险指数，让用户可以提前有所防范，做到防患于未然。

　　其四，进行风险查询。当"国家反诈"App识别到用户正在给陌生账号转账时，就会自动验证对方账号是否涉嫌诈骗。其验证内容包括网址、QQ、微信等各种软件及信息，避免用户资金被骗。

其五，进行身份验证。当用户在社交软件上交友、转账时，"国家反诈"App 会及时验证对方身份的真实性，防止不法分子冒充身份进行诈骗。

于此，大家都了解了"国家反诈"App 的好处。那么，我们要做的就是下载"国家反诈"App，让它时时刻刻保护我们的"钱袋子"！

第六章
预防极端恶性犯罪

第一节　了解极端恶性犯罪的特点

　　从南京 5·29 驾车撞人并持刀捅人案，再到某理工大学学生王某持刀刺死室友案，这些极端恶性犯罪事件提醒我们，身边还存在着不安全因素。为了保护自身安全，我们有必要了解并预防极端恶性犯罪。

　　极端是指事物发展的一种极其超常的状态，极端恶性犯罪就是违法犯罪分子使用极端的方式侵害他人生命或财产安全的行为。

　　一般极端恶性犯罪是指强奸、投毒、故意杀人、绑架、抢劫、爆炸、放火等严重恶性刑事案件。如今，极端恶性犯罪中又增加了反人类、危害国家安全、反社会、反科学组织，专门策划并实施的恐怖活动。

　　极端恶性犯罪有以下几个共同特点。

一、行为性质极其严重，社会影响极端恶劣

　　极端恶性犯罪通常以极其残暴的方式侵害他人生命，用极其恶劣的手段侵害社会及国家的财产。其行为

惨绝人寰，严重破坏了社会秩序，更给人民群众的心理造成了极大的恐慌和震荡。

　　黄勇连续残害 17 名少年；杨佳在 20 分钟内杀害 6 名警察，其中 4 人在 7 秒钟内被刺死……

　　这些极端恶性犯罪案的制造者视生命如草芥，其行为残暴至极，罪大恶极，对社会和整个国家都造成了极端恶劣的影响。

二、犯罪行为与诱发因素之间并无逻辑

　　从大量的极端恶性犯罪案件来看，每一个罪犯的犯罪诱因都是一些挫折刺激。但是，他们所杀害的人都是

那些和犯罪诱因没有关系的无辜者，并且受害人经历的苦难是罪犯所受挫折刺激的数倍。

三、有过早期挫折及心理创伤

多数极端恶性案件的罪犯早期都曾受到挫折，导致心理产生了一些严重的创伤，并且随着负面情绪的积累，他们会把心理创伤转化为对他人和社会的极端仇恨，进而产生攻击心理。他们大多会通过恶性杀人、报复社会来缓解自身内在的焦虑情绪。

四、以获得对生命或财产的控制权为目标

极端恶性案件的罪犯的共同心理本质是获得对生命或财产的控制权，他们的目标要么是剥夺他人的生命，要么是侵吞社会或国家的巨额财富。

从上述特点来看，极端犯罪案件的罪犯的作案手段超乎寻常，危险性极高。作为普通群众，我们要提高防范意识，不轻易相信陌生人。同时，要保持良好的心态，克制犯罪因素在自己心里作祟。

第二节　心态平和，警惕暴力倾向

　　某男子与张女士原为恋人，但该男子有极强的控制欲和暴力倾向，曾数次殴打张女士。张女士忍无可忍提出分手，但该男子却不肯罢休。一日，该男子前往张女士的餐馆中，向张女士泼汽油后点燃，最终造成张女士面部全部毁容，耳朵缺失，十根手指不同程度截肢。

　　据分析，厦门公交纵火案、杨新海连环杀人案、海伦敬老院纵火案等极端恶性犯罪行为大多是由于罪犯内心的暴力倾向，以及其极端性格造成的。

　　暴力倾向的形成有多种原因，如家庭教育残缺导致的心理偏执，生理发育导致的严重自卑等。总体来说，极端恶性犯罪的暴力倾向心理多表现为偏执、狭隘，以自我为中心，经常将自己的失败归咎于他人等。

　　预防极端恶性犯罪不仅是要远离有暴力倾向的人，而且也要注意调整自己的心态，警惕内心的暴力倾向。

要做到这一点，可以从以下几方面进行努力。

首先，认识坏脾气的危害，及时调整情绪。坏脾气不仅会影响自己的心情及身体健康，还会对他人造成心理及身体上的伤害，并且有可能激发他人的暴力行为。

人的行为是受意识调节和控制的，当我们认识到坏脾气的危害时，就要及时改掉坏脾气，及时调整自己的情绪。

小卢最近事事不顺，工作失利，恋爱受挫，种种事情搅和在一起，让她变得烦躁不安。于是，她每次回到家，就忍不住对父母发脾气。一次，她还不小心烫伤了妈妈。

小卢来到医院，看到妈妈痛苦的样子，顿时泪如雨下，觉得自己不应该这样。小卢妈妈见此，耐心劝导她，并引导小卢说出自己的烦恼。小卢一边哭一边向妈妈吐露各种糟心事。神奇的是，当她说完后，突然觉得如释重负了。

心态决定人生。当你心态平和时，任何困难都会迎刃而解。相反，如果你的心态很糟糕，所有的事情都会是一团乱麻。当你觉得人生糟糕，事事不如意的时候，不妨试着积极调试自己的情绪。

其次，要加强思想道德修养。只有心中经常想着别人，时刻尊重别人的利益和需要，才能真正做到对别人体贴、温柔和热爱。当你能暂时把个人利益放在一边，把集体利益放在第一位时，就能遇事平心静气。

当然，思想道德修养并不是一朝一夕就能养成的。在日常生活中，我们可以多读书，多看各种有益于社会和谐的报纸、杂志，以及网络信息。这样，久而久之我们就能提高自己的思想境界。

最后，要学会轻松，不要给自己过多的压力。可以试着多听一些抒情的歌曲，不要过于严格要求自己，多给自己一些安静的时间，学会以平常心去看待人和事。遇到任何糟糕的事情，家人、朋友都是我们坚强的后盾，我们都可以向他们倾诉，寻求他们的帮助。如果有些事情，家人、朋友也解决不了，我们还可以依靠专门人士、公安机关等各种渠道进行解决。

总之，无论何时我们都要保持心态平和，警惕内心的暴力倾向，不让负面情绪控制自己，不做极端行为。

第三节 司法震慑极端恶性犯罪

2012年8月14日凌晨，公安机关在重庆沙坪坝区童家桥一带将系列持枪抢劫案的凶手周克华击毙。在8年时间里，周克华接连犯下10起命案，其手段残忍决绝，令人发指。

与周克华案类似的恶性连环杀人案在国内外都有发生，个别案件比周克华案有过之而无不及。这类极端恶性犯罪案件的一个共同点是，其犯罪的本质是对他人进行伤害并引起极大的社会震动。

同样，很多极端恶性犯罪案例也警示我们，打击极端恶性犯罪，保障人民群众安全，维护社会安全秩序最直接、有效的方法就是依靠国家力量打击罪犯，利用法律武器制裁罪犯，运用司法手段震慑罪犯。

面对极端恶性犯罪，司法机关强调对极端恶性犯罪分子必须坚决依法严惩，坚决打击。同时，要在全社会形成共同谴责极端恶性犯罪的舆论环境。针对扬言实施

爆炸、放火、杀人等极端恶性行为，以及其他扰乱社会秩序的行为，都要依法严肃处理。

虽然极端恶性犯罪具有突发性、隐秘性等特点，但并非不可预防。减少极端恶性犯罪的根本途径，就是运用司法手段震慑和惩治罪犯。

第一，严惩极端恶性犯罪。依法严惩极端恶性犯罪是控制和预防极端恶性犯罪的重要手段。关于具体的严惩措施，我国多部法律都做出了具体规定。总之，司法机关在对待任何极端恶性犯罪分子时，都要严格执法，不让任何一个犯罪分子逃脱刑法的严惩。

第二，建立完善的社会治安防范网络。重视日常生活中极端恶性犯罪的危险征兆，一旦发现可疑情况一定要及时果断地采取措施，争取将极端恶性犯罪消灭在萌芽状态，制止可能发生的极端恶性犯罪行为。

第三，依法加强对暴力犯罪分子的教育改造。对法制观念薄弱、不惧怕刑法惩罚、缺乏罪恶感的罪犯进行针对性教育，力争将绝大多数罪犯改造成为遵纪守法的好公民，切实降低累犯、再犯率。

司法永远是保障人民及社会的屏障，法律永远是惩治罪犯、预防犯罪最有利的武器。在应对极端恶性犯罪时，运用司法震慑、预防极端恶性犯罪是行之有效的。

第四节 远离危险环境，远离高危人群

> 小陈本是一个好青年，但自从结识了社会上一帮游手好闲的"朋友"后，他便无心工作了，经常和这些"朋友"在街头巷尾厮混。
>
> 一次，小陈接到一位"朋友"的电话，让他前去帮忙打架。他出于讲义气，前去帮忙。没想到，在争斗过程中，他们用利器捅死了人。而这时，他所谓的"朋友"却都丢下他跑了。

小陈因为结识了社会上的"朋友"，最终走上了违法犯罪的道路。由此可见，预防极端恶性犯罪不仅要打击极端恶性犯罪分子，我们也要加强自身防范意识，远离危险环境，远离高危人群。

远离危险环境是指远离色情、赌博、吸毒等不良场所，以及偏僻、偏远等对自身安全不利的场所及环境。

小康最近工作不顺心，经常独自去酒吧借酒消愁。一天，他认识了一个"道上"的人，自称可以让他忘记

烦恼，时刻快乐。他在好奇心的驱使下，跟随这人去了某吸毒场所。

渐渐地，小康吸毒成瘾无法自拔，为了吸毒倾家荡产。后来，他为了获取更多的毒品，开始跟随"道上"的人抢劫、偷盗。

"近朱者赤，近墨者黑"，当你身处一个不良环境中时，就会被这个环境中的人所影响，甚至走上违法犯罪的道路。

　　远离高危人群是指远离具有暴力倾向、性格极端、犯罪历史、行为不端的人群，以此来达到预防犯罪的目的。

　　公安部门根据人群的行为特点，将人群分为红、橙、蓝、绿四个层级。其中刑释解教、违法犯罪嫌疑人和重点人员为高危人群，被划为红色人群；游手好闲、交往复杂、不务正业的人员被划为橙色人群；日常表现一般的人员被划为蓝色人群；遵纪守法，日常生活稳定的人员被划为绿色人群。

　　在日常生活中，我们要远离红色高危人群，注意防范橙色人群。

　　当我们遇到高危人群时，应当立即按下"删除键"，远离他们。这样既是为了保障我们自己的人身安全，也是为了使我们不沾染高危人群的恶习，有效预防极端恶性犯罪的发生。

第五节　构建和谐社会，预防极端恶性犯罪

　　预防极端恶性犯罪，不仅需要政府各部门的密切关注，相互协作形成有效的防控合力；还需要全社会引起高度重视，加大防控力度，构建和谐社会环境，有效防止极端恶性犯罪的发生。

　　极端恶性犯罪的产生也有一些社会原因。所以，要防止极端恶性犯罪的发生，就有必要加强社会管理水平，提高社会治理水平，采取一系列打击和预防极端恶性犯罪的措施。

　　构建和谐的社会环境，可以有效防止极端恶性犯罪。具体来讲，我们可以从以下几方面着手。

一、加强社会公正和正义建设

　　一些极端恶性犯罪分子使用暴力方式进行犯罪的目的是，用极端的方式表达自己的社会诉求，引起社会的关注。很多作案人初期曾向有关部门表达其诉求，但是由于种种原因导致有关部门对其关注不够，很多作案人

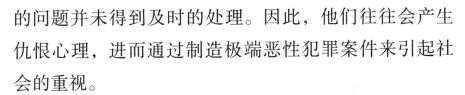

的问题并未得到及时的处理。因此，他们往往会产生仇恨心理，进而通过制造极端恶性犯罪案件来引起社会的重视。

因此，解决此类问题的关键在于，不断加强社会公正和正义建设，提升和改善大多数社会成员的社会待遇水平，使其能够享受到经济上以及精神上的社会改革成果，提升社会认同感和幸福感。

二、加强社会关怀，做好心理疏导

面对极端恶性犯罪案件，媒体应当形成对受害者关怀，对施暴者同声谴责的共识。在极端恶性犯罪事件发生后，在社会舆论形成和发展的过程中，媒体应当适当对社会成员进行劝导。同时，要警惕别有用心之徒利用新媒体工具操控或误导舆论。

预防极端恶性犯罪，要求全社会都要警觉起来，要做到群防群治。对遭遇不幸的个人或群体进行有效的心理疏导，争取从源头上防止极端恶性犯罪事件的发生。

三、构建严密治安防控体系

首先，发挥基层组织的作用。居委会、社区民警、单位内安保部门等基层组织一旦发现可疑情况，立即在能力范围内进行处理。对于不能处理的事件，应当第一时间上报有关单位和领导。

其次，要加强社会治安管控体系建设，建立一张严密的社会防范网络。切实加强医院、学校等聚集场所的巡防力度，及时发现恶性犯罪的潜在因素，及时处理。

有效防止极端恶性犯罪，人人有责。因为预防极端恶性犯罪，不仅可以保护社会及国家安全，而且还可以保护我们自己的安全和利益。

第七章
预防高科技犯罪

第一节　预防高科技犯罪

在科技飞速发展的时代，我们既享受着高科技带来的便利，也面临着高科技带来的风险。在这个大数据时代，我们每个人仿佛都更自由了，但同时也更不安全了。

科技发展极大地推动了生产力的进步，创造了无数奇迹来满足人类的需求。同时，高科技犯罪也随之兴起，极大地破坏了人类物质和精神文明成果。

高科技犯罪不同于一般犯罪，违法犯罪分子利用高科技技术进行犯罪活动，将高科技创造力转化为巨大的破坏力。高科技犯罪的影响广泛，小到个人隐私泄露，大到企业倒闭，甚至于整个国家经济瘫痪。

那么，到底什么是高科技犯罪，我们又该如何进行预防呢？

高科技犯罪是指利用高科技技术、成果侵害法人、自然人或国家的利益，危害社会公共安全的犯罪行为。

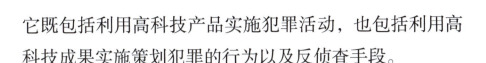

它既包括利用高科技产品实施犯罪活动，也包括利用高科技成果实施策划犯罪的行为以及反侦查手段。

具体来说，高科技犯罪有以下五种类型：

一是运用现代印刷技术伪造证件和身份。如利用假身份证、假护照、假信用卡、假人民币实施诈骗，偷渡出国等。

二是运用电子技术对移动电话进行盗码并机。如违法犯罪分子盗取手机后，将手机截码并机转卖，造成他人财物损失。

三是运用化学原理和电子技术制造反拆、遥控、定时爆炸装置。如利用反拆、遥控、定时等较复杂的技术制造爆炸装置，进行违法犯罪行为。

四是运用化学原理制造毒品和麻醉物品。如利用化工原料制造毒剂，并以此致使他人中毒，进而进行违法犯罪行为。

五是利用网络技术非法获取他人信息、商业机密、国家机密。如利用网络攻击科研院所电脑，秘密搜集窃取航运数据等。

针对此类犯罪具有的复杂性、科技性等特点，有关部门及个人要有计划、有步骤、有重点地实施预防工作。

首先，有关部门应当制订预防和打击高科技犯罪的总体战略。其一，要树立预防、协作观念，完善相关机关的组织结构；其二，要提高公安队伍的科技素质，更新公安人员的知识体系，使其及时了解、掌握各类高科技犯罪的特点以及发展趋势，做到知己知彼；其三，要加强司法惩罚力度，坚决依法严惩高科技犯罪。

其次，有关部门要加强对相关科学技术的研制和应用的安全管理。例如，加强易制爆炸物品、毒品和其他具有严重危害社会性物品的管制、监控技术，加强防复制、反盗版技术等。

最后，个人要加强安全防范意识。预防高科技犯罪不仅要依靠国家手段，还要依靠每一个社会成员的力量。我们不仅要坚决抵制高科技犯罪行为，还要积极配合公安机关打击高科技犯罪分子，一旦发现可疑人员或可疑情况，应当及时向有关部门报告。

第二节 预防网络犯罪

网络一出现，就以无可比拟的优势在社会生活中发挥着极其重要的作用，大到国防安全、内政外交、立法决策，小到购物缴费、沟通交友、休闲娱乐。同样，它也影响着预防犯罪工作的推进。

网络与人们的生活息息相关，它为危及人们日常生活的违法犯罪行为提供了新的渠道和手段，如网络诈骗、网络恐吓、网络攻击等，同时还使得违法犯罪行为造成的危害范围变得更加广泛。

例如，在"熊猫烧香案"中，犯罪分子故意制造计算机病毒，导致山西、河北、广东等多地的电脑无法正常运行，受害用户达上百万。由于网络的互联互通特性，违法犯罪行为一旦发生，就会以极快的速度传播，进而对民众造成强烈的心理冲击，还有可能引发社会恐慌。

网络是现代社会生活不可或缺的一部分，但它也是违法犯罪的手段之一。要切实有效地预防网络犯罪行为，就必须明白网络是生活帮手与犯罪手段的矛盾，要科学合理地处理这一对矛盾却绝非易事。

网络作为科学技术发展的产物，蕴含着丰富的科学技术，这也就意味着对网络的监管，绝非言语的呼吁和责任的强调就万无一失了，还需有高素质的网络信息技术人员的有效帮助与管控。然而，现实中很多部门对网络技术的了解并不深入，这就为预防网络犯罪工作带来了很大的挑战。

但是，在预防网络犯罪工作中，互联网技术也能发挥积极作用，为预防网络犯罪带来机遇。

首先，有关部门可以充分利用网络平台、互联网技术，加强预防犯罪的宣传教育。以往，传统的宣传教育因为内容单一、影响范围太小而效果不佳，而利用网络开展宣传教育，形式、内容会更加多样，如直播案件庭审过程、执法人员进行网络讲解犯罪行为等，可以让人们更加直观地感受到违法犯罪伴随的负面影响，进而增强守法意识。此外，利用网络进行教育宣传，传播速度也会大大提高，能够影响更多人。

其次，有关部门可以通过网络道德建设，提高民众道德素养。在网络上进行道德建设的宣传，利用多种互联网技术手段，把"爱国守法、明礼诚信、团结友善、勤俭自强"等道德规范灌输给广大民众，提高他们的道德素养，使之能够自觉抵制网上的黑色、黄色和灰色信息。

最后，有关部门可以利用网络大数据进行侦查，有效预防网络犯罪行为的发生。在网络背景下，迅速传播的信息、先进的监管手段、精准的分析系统、更具可采信的证据等为打击犯罪提供了有利条件，这在一定程度上对违法犯罪行为起到了震慑作用。

第三节　预防非法获取数据犯罪

随着互联网技术的普及，人们的工作、生活与网络联系更加密切。科学研究、线上办公、电子商务、网络娱乐成了社会生活的重要组成部分，由此也产生了大量的数据，它蕴含了极高的商业价值，是一种具有经济价值和重要作用的资源，这就决定了数据安全的重要性。随着高科技犯罪的日益增多，其中非法获取数据的犯罪尤其高发。

在数字化时代，数据已经成为社会产业建设的基础，数据一旦被窃取或者泄露，就会对相关产业造成巨大影响。据有关媒体报道，2021年全球网络、数据犯罪造成的相关损失达几万亿美元。而随着政府、公共服务机构成为一些恶意程序的攻击目标，数据安全也不再局限于企业的自身防护，也成为涉及国家安全的重要问题，引起了国家相关部门的关注与重视。

数据安全事关国家安全、公共安全、广大企业、人民群众的切身利益，为应对日趋增多的数据犯罪威胁，国家不断完善立法和技术保护措施。2021年6月10日，《中华人民共和国数据安全法》（以下称《数据安全法》）经十三届全国人大常委会第二十九次会议表决通过，于2021年9月1日起正式施行。《数据安全法》的实施，使调查处置、侦办数据安全案件，打击危害数据安全的各类违法犯罪活动有法可依。

我国的《刑法》中规定了非法获取计算机信息系统数据罪。它是指违反国家规定，侵入国家事务、国防建设、尖端科学技术领域以外的计算机信息系统，或者采用其他技术手段，获取该计算机信息系统中存储、处理或者传输的数据，情节严重的行为。《刑法》第二百八十五条规定：非法获取计算机信息系统数据情节严重的，处三年以下有期徒刑或者拘役，并处或者单处罚金；情节特别严重的，处三年以上七年以下有期徒刑，并处罚金。单位犯非法获取计算机信息系统数据罪的，对单位判处罚金，并对其直接负责的主管人员和其他直接责任人员，依照相关条款的规定处罚。

数据通常是指账号、口令、密码、数字证书、用户注册信息、身份认证信息、账号信息、手机机主信息、医生用药信息、视频课程、购物优惠券、游戏币、网络直播后台数据等具有相应商业、社会价值的数据。非法获取计算机信息系统数据既包括从他人计算机信息系统中窃取，如直接侵入他人计算机信息系统，秘密复制其中的信息，也包括骗取，如设立假冒网站，骗取用户输入账号、密码等信息。

卫某某、龚某某曾在北京某大型网络公司工作，两人为同事关系。该大型网络公司禁止员工私自在内部管理开发系统查看、下载非工作范围内的电子数据信息。龚某某因工作需要，拥有登录公司内部管理开发系统的账号、密码、Token 令牌（计算机身份认证令牌），具有查看工作范围内相关数据信息的权限。卫某某、龚某某事先合谋，由龚某某向卫某某提供了自己掌握的内部管理开发系统账号、密码、Token 令牌。卫某某利用这些账号、密码、Token 令牌，多次在异地登录公司内部管理开发系统，下载计算机信息系统中的数据，获利几万元。

卫某某、龚某某的行为触犯了法律，因此被以非法获取计算机信息系统数据罪提起公诉。最终，卫某某被判处有期徒刑四年，龚某某被判处有期徒刑三年九个月。

随着手机互联网的普及，以非法手段获取用户数据的案件也逐渐增多。有些不法分子通过他人提供的手机串号等，利用智能手机的"查找设备"功能，补卡购入新机的机主发送短信，诱骗机主点击短信链接进入钓鱼网站，非法获取手机 ID 账号和密码，非法获取他人计算机信息系统的数据，导致他人的公民信息泄漏，个人财产和网络虚拟财产被窃取，社会危害性大，影响极其恶劣。

端某某从事手机维修工作，他通过别人提供的苹果手机的号码和串号，以苹果官方客服的名义向机主发送钓鱼网站的链接，机主点了链接后就会进入钓鱼网站。端某某通过钓鱼网站获取机主 ID 账号、密码、个人信息和其他账号、密码，他将非法获取他人的数据信息在网上转卖，非法获利近十万元。

端某某的行为构成非法获取计算机信息系统数据罪，根据刑法及相关解释规定，违法所得二万五千元以上的，构成非法获取计算机信息系统数据罪，属情节特别严重，应处三年以上七年以下有期徒刑，并处罚金。最终，端某某被判处有期徒刑三年二个月，并处罚金人民币二万元。

近年来，非法获取数据犯罪持续高发，侵害企业和人群范围广泛，社会危害严重，企业和群众反映强烈。司法机关对非法获取数据犯罪十分重视，依法严惩此类犯罪。为了预防非法获取数据犯罪、保护好数据安全，国家相关部门可以通过技术手段对数据脱敏，对数据中的"身份证号""手机号""银行卡号""住址""姓名"等多维度个人、企业敏感数据进行屏蔽、加密、隐藏、替换等改造操作，从而使第三方访问者看到的数据为非真实数据。脱敏后的数据，不会影响数据使用，能保障敏感信息的安全。

个人要预防非法获取数据犯罪、保护数据安全，要提高自身防范意识，避免在社交平台上暴露自己的照片、家庭的照片等，可能会暴露自身信息和家庭住址信息；及时删除网络上自己的浏览记录，不轻易接收和安装不明软件；不将重要账号（例如支付宝、网银）的账户名和密码设置成同一个；下载一些软件后，要仔细查阅用户服务协议，不要随意授权，管理各项软件系统权限，及时关掉麦克风、录音等敏感权限；不要随意连接公共Wi-Fi，不良的公共 Wi-Fi 可能会篡改用户电子产品的设置，植入恶意程序窃取个人数据；不扫描来历不明的二维码，有可能是金融诈骗或是盗号；不随意点击陌生短信和邮件以及不明的网络链接。

随着大数据时代的到来，一些新的思维方式应运而生，将其与传统办案方式相结合，通过科技手段破获犯罪案件，对预防犯罪具有非常重要的意义，可以说，大数据分析在很大程度上提升了犯罪预防效率。

近年来，大数据在我国迅速发展，现在已与人们的生活紧密相连，并为社会治理和预防犯罪带来了深刻影响。

在刑事案件中，运用大数据搜集、存储、共享案件数据，进行案件分析、案件画像及预判。这在很大程度上辅助了人力侦查，弥补了人力侦查手段的一些劣势。如今，大数据分析及预防犯罪已被应用于具体实践中，其在预防犯罪工作中主要有以下五大作用。

第一，与监控结合，对人或车辆行为运动轨迹进行分析预判。在重要地段、地点设置监控的基础上，增加大数据分析和预警系统，如人群聚集分析系统，可对个人肢体包括神态动作以及车辆运行轨迹等进行分析预判，从而能够更为准确地预防犯罪行为的发生。

第二，与传统的巡查方式结合，提高巡防效率和效果。单一的人员盘查、盯防或巡防，不仅耗费人力物力，还存在诸多弊端，如反应不及时、容易存在漏洞等。将大数据与人员巡查相结合，再配合人工智能技术，则可实现24小时不间断分析、预警，对重点地段、地点进行实时有效防控，对预防突发性严重犯罪具有非常好的效果。

第三，关注重点人员的行为和运动轨迹，对其进行预判。当重点关注人员（如通缉人员、假释人员、其他有犯罪嫌疑人员等）出现在特定地点及网络或购买特殊物品时，大数据能够增强对他们的关注，并对其一段时间内的行为轨迹进行后台分析，若可能发生犯罪行为的概率满足触发条件，就会进行相关预警。

第四，通过网络舆情监控，发现可能存在的犯罪隐患。大数据可以结合时间、事件、人员、特殊口令、暗语等，对各种群、微博、论坛、网站、自媒体等进行后台分析，若发现可疑情形就会及时初步预警，通过人员再次核实后，符合触发条件，就会再次进行相关预警。

　　第五，通过数据共享，精准分析犯罪行为或定位犯罪分子。在合法依规以及履行一定法律程序的前提下，各相关部门之间进行数据共享，如公安机关与各行政机关、海关、税务、金融监管部门等进行有限度的数据共享，可快速精准定位及分析犯罪行为和犯罪分子，从而助力预防犯罪工作。

　　大数据背景下预防犯罪体系的构建，是在以传统群防群治为基础的"地网"上，又运用互联网、云技术、信息技术、系统技术等编制"天网"，两方面统筹推进预防犯罪工作，从而大大提升预防犯罪的效率。

第五节　人工智能，让犯罪预测成为现实

随着互联网、物联网、现代通信、计算机、大数据、生物技术的不断发展与完善，人工智能也搭上了快速发展的列车。近年来，人工智能不仅在理论层面更为深入，在现实社会中也逐渐"落地生根"，它为犯罪预测和侦查模式的变革提供了助力。

科幻电影《少数派报告》里，讲述了这样一种新型的办案方式：在"先知"的帮助下，警方可以提前预知人的犯罪企图，然后在人犯罪之前将其抓获，并不似以往，往往需得知案发后才赶往现场。

对犯罪行为和意图进行预测，然后及时制止犯罪行为的发生，这种曾经只出现在科幻电影里的情节，如今正在逐渐变成现实，而在其中起到决定性作用的正是人工智能。

2019 年，日本一家人工智能公司 Vaak 就曾开发出一款 AI 软件。这款软件连接到店铺的监控后，可以对

顾客进行分析，监测出坐立不安、神情焦虑和肢体动作可疑的人，从而找出潜在的扒手，并提醒店员注意。

人工智能为什么会有这样神奇的功能？它又是怎么实现的呢？

人工智能包含多种表现形态的数据，在这一基础上，它可以通过计算机深度学习等技术手段将繁杂的数据简化，进而筛选出可视性程度较高的有效信息，突出犯罪行为相关的结构要素，然后进行预警。具体来说，就是通过搜集各种跨媒体的异构复杂数据信息，包括视频、图像、文本等，利用图像理解、机器学习和生物识别等

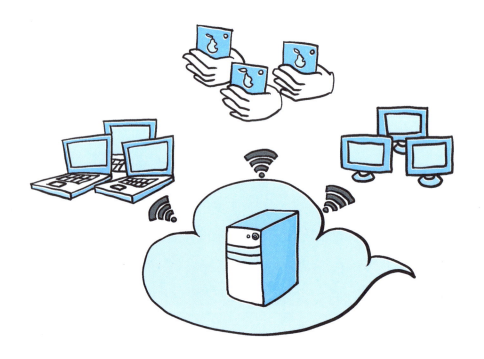

技术，从跨物理和虚拟空间的社会形态分析等角度，对那些与犯罪行为的发生、发展相关的事物变化进行交互感知、认知和理解，进而构建智能化预警监测与安全控制系统。

人工智能在犯罪预测的具体过程中，主要进行以下四个方面的工作：

第一，犯罪要素分析。人工智能以对现有案件样本进行分析、总结出的关于案件构成因素的规律为依据，筛选出大量符合相关犯罪要素规律的因素，以此预测犯罪、助推案件侦办工作。

第二，关键因子的筛选和分析。借助人工智能，相关人员可依据与犯罪相关的关键因子，对历史数据、犯罪记录、敏感词汇、特殊地理等进行相关分析，筛选出一系列有效的检索关键词，并计算出这些关键因子与某类犯罪发生关联的影响系数等参数，进而快速以非接触式的方式对特定人员进行心理侧写与日常活动轨迹描画，以此预测犯罪行为。

第三，数据建模分析。即通过标准化的算法和范式，在大量历史数据规律基础上，对地区内的案件情况进行预测。

第四，条件概率预测。为了增强侦查主动性，提高侦查效率，节约侦查资源，在容易出现犯罪行为的特定区域进行预测。例如，在环境偏僻处随机做犯罪预测。

高科技使得侦查的方式方法不断增多。随着人工智能技术的不断发展和成熟，利用它进行犯罪预测也将越来越具可行性。

第八章
预防其他犯罪行为

保护伞

执法人员

第一节 预防危害国家安全犯罪

危害国家安全的犯罪会对中华人民共和国的国家安全造成威胁，是一种危害性极大的犯罪。国家的安全涉及文化、政治、经济等多方面的内容，凡是对这些方面构成侵害的都属于危害国家安全的犯罪。

根据《刑法》的规定，危害国家安全罪是指分裂国家、危害国家领土安全和完整、危害国家主权、推翻社会主义制度以及颠覆人民民主专政政权的行为。它是对各种危害国家安全犯罪行为的概括性罪名。

这类犯罪具有以下特征：

第一，危害国家安全犯罪的主观方面是故意的。

《刑法》对危害国家安全犯罪做出了严厉的惩罚措施。其中，在《刑法》分则第一章中，共有 12 项条款涉及危害国家安全犯罪。如第一百零三条规定：

组织、策划、实施分裂国家、破坏国家统一的，对首要分子或者罪行重大的，处无期徒刑或者十年以上有期徒刑；对积极参加的，处三年以上十年以下有期徒刑；对其他参加的，处三年以下有期徒刑、拘役、管制或者剥夺政治权利。

煽动分裂国家、破坏国家统一的，处五年以下有期徒刑、拘役、管制或者剥夺政治权利；首要分子或者罪行重大的，处五年以上有期徒刑。

第二，危害国家安全犯罪的主体通常是中国公民、无国籍人、外国公民，或者境内外机构或组织。

其中，一些罪名的犯罪主体只能是中国公民。如背叛国家罪、叛逃罪、投敌叛变罪等。

第三，危害国家安全犯罪所危害的是国家安全。

国家安全通常包括国家主权、国家现行的政治制度、国家领土完整。危害国家安全具体是指做出侵害国家文化、政治、经济等方面权益的行为，如颠覆国家政治制度和社会制度；侵犯国家主权；破坏国家统一和民族团结；妨碍对外政治、科技、文化、经济等平等互利的交往和交流；窃取国家秘密；策反国家工作人员等。这些行为均属于危害国家安全犯罪。

第四，犯罪行为人所实施行为为法律规定的危害国家安全的各种行为。

法律所惩罚的危害国家安全罪犯是实施了法律规定的危害国家安全行为的行为人，如果行为人有危害国家安全的思想活动，没有实施具体行为，则不构成危害国家安全罪。

此外，危害国家安全的犯罪行为不仅仅针对产生危害结果的行为人，只要行为人已经着手实施了危害国家安全的行为，就会被视为犯罪既遂，进而会受到相应的法律制裁。

第二节　预防恐怖主义、邪教犯罪

恐怖主义、邪教犯罪由来已久，并已成为突出的社会公害。因恐怖主义、邪教犯罪造成的人身伤亡和财产损失难以计数，其危害性极大。因此，国家和个人应该重视预防这类犯罪。

邪教犯罪是指利用邪教及其他文化形成的反社会学说，对他人实施精神控制，进而危害社会和国家安全的行为。

二十世纪六七十年代以来，邪教组织不断出现，对人类社会造成了严重威胁，现已成为当今世界精神污染公害中的首要祸害。

2000 年，530 名邪教组织"恢复上帝十戒运动"教徒在乌干达西南部的卡农古教堂被集体烧死。随后，警方又在多个地方发现更多的该邪教组织教徒的坟墓，涉及人数高达上千人。

由此可见，邪教犯罪行为不仅是主权国家严重的社会问题，而且对整个人类社会都具有严重威胁。

我国早已开始重视邪教犯罪，相关的法律法规也在不断完善。如最高人民法院、最高人民检察院出台的《关于办理组织、利用邪教组织破坏法律实施等刑事案件适用法律若干问题的解释》，对邪教组织的界定，利用邪教组织致人重伤、死亡罪，以及组织、利用邪教组织破坏法律行政法规实施等有关内容都做了详细规定。

恐怖主义犯罪是指通过破坏、暴力、恐吓等手段危害公共安全、制造社会恐慌，胁迫国家机关或组织，以实现其意识形态等目的的行为。

震惊世界的"9·11事件"中，恐怖分子劫持两架民航客机袭击纽约世界贸易中心双塔和华盛顿五角大楼，造成 2977 名平民遇难，对美国造成的经济损失高达 2000 亿美元。

恐怖主义犯罪严重危害人类的生命和财产安全，一旦发生，全世界都会笼罩在恐怖主义的阴影之下。因此，预防恐怖主义犯罪是全球所有国家必须重视的问题。

我国有关预防恐怖主义犯罪的法律法规相对比较健全，并且还在不断完善和改进。

2021 年 6 月，中国常驻联合国代表张军大使在出席第二届联合国会员国反恐机构负责人高级别会议时指出，随着科技的发展，恐怖主义犯罪已经进入网络时代，我们当下要着力解决网络恐怖主义问题。

在《刑法》、《中华人民共和国反恐怖主义法》以及《关于办理暴力恐怖和宗教极端刑事案件适用法律若干问题的意见》等多部法律法规中，我国对恐怖主义犯罪的定义、处理手段、处理措施等都做出了明确的规定。

　　总之，无论是恐怖主义犯罪，还是邪教犯罪，都是预防犯罪工作中的重点。我国坚持依法打击各类犯罪，保障社会安定及公民安全。于个人而言，我们要做的就是维护国家安全和利益，坚决抵制邪教、恐怖主义犯罪。

第三节　预防家庭暴力犯罪

2019 年 1 月，22 岁方某某被丈夫和公婆虐待致死；2019 年 11 月，某知名博主自曝家暴视频，并自述长期遭受家暴的经历；2020 年，拉姆被前夫泼油烧死……这些家庭暴力犯罪事件告诉我们，家暴从未远离我们，预防家暴犯罪刻不容缓。

2011 年，我国公布的《关于适用〈中华人民共和国婚姻法〉若干问题的解释（一）》对家庭暴力进行了解释，家庭暴力犯罪是指行为人以殴打、残害、强行限制人身自由等手段，致使其家庭成员的身体、精神等方面造成一定伤害的行为。

2016 年，我国制定的《中华人民共和国反家庭暴力法》（以下简称《反家庭暴力法》）对家庭暴力进行了进一步定义，将"经常性谩骂、恐吓"等行为列入家庭暴力犯罪之中，并强调了受害人因家庭暴力产生的精神方面的伤害。

　　由于家庭暴力犯罪存在某些现实困境，所以在处理相关家庭暴力犯罪案件上还存在一定的难度。

　　一方面，家庭暴力犯罪直接证据少，取证比较困难。家庭是私密空间，其中发生的很多事情是很难被第三人知晓的，这对证据的采集造成了极大的困难。

　　某艺人遭到男友家暴，但由于缺少直接证据，双方各执一词，一度让该案件扑朔迷离。在某知名美妆博主遭遇家暴一案中，唯一的直接视频证据是由电梯内的摄像头拍摄的，除此之外的其他直接证据都很难取证。

　　除此之外，不少受害者在遭遇家暴后，并没有在第一时间保存证据，这也使收集证据变得比较困难。

　　另一方面，家庭暴力犯罪立案困难，司法难以介入。家庭暴力犯罪行为发生后，大多数受害者由于情感、面子、后代等因素，不愿意向司法机关求救，这不仅使得施暴者变本加厉，而且也导致了此类案件难以立案、审理。

　　虽然处理家庭暴力犯罪案件还存在种种困难，但我国有关部门从未放弃在这方面进行探索，并且表现出了严厉打击的态度。

　　在《刑法》《中华人民共和国婚姻法》《中华人民共和国未成年人保护法》《中华人民共和国妇女权益保

障法》《反家庭暴力法》等多部法律中，都有针对家庭暴力犯罪方面的法律规定。随着我国法律的不断完善，更多针对家庭暴力犯罪的法律也必将出台。无论是现在还是未来，家庭暴力犯罪都会受到相应的处罚，受害者也必将得到公平的对待。

值得注意的是，在家庭暴力犯罪中，受害者的发声尤为重要。一旦遭受家庭暴力，受害者第一时间要做的是保留证据，然后勇敢地站出来，用法律武器来保护自己。

要记住，家暴只有零次和无数次之分，任何身体或精神上的家庭暴力伤害都不值得被原谅。家庭是每个人最安定的港湾，我们不仅要用爱来守护这个港湾，更要用法律来保护它。

第四节　预防贪污贿赂犯罪

2016 年 4 月 18 日，最高人民法院、最高人民检察院联合发布的《最高人民法院　最高人民检察院关于办理贪污贿赂刑事案件适用法律若干问题的解释》明确指出，应当依法从严惩治贪污贿赂犯罪，并明确了贪污贿赂犯罪的定罪量刑标准和适用原则。

贪污贿赂犯罪是指国有单位或国家工作人员实施贪污、受贿等行为，以及实施与贪污贿赂犯罪密切相关的侵犯国家工作人员职务廉洁性的行为。

贪污贿赂犯罪败坏了国家工作人员的声誉，侵犯了国家工作人员职务的廉洁性，损害了国家机关的威信。

我国现阶段反腐败斗争的重点工作就是惩治贪污贿赂犯罪，为此我国《刑法》将贪污贿赂专门列为一章，作为独立的类罪。根据《刑法》分则第八章的规定，贪污贿赂犯罪可以分为两类：一类是贪污犯罪，如贪污罪、巨额财产来源不明罪、私分罚没财物罪、挪用公款罪等；

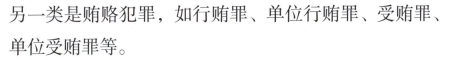

另一类是贿赂犯罪，如行贿罪、单位行贿罪、受贿罪、单位受贿罪等。

针对不同的罪名，《刑法》分别明确了不同罪名的处罚要求。

《刑法》第三百八十三条规定，对犯贪污罪的，根据情节轻重，分别依照下列规定处罚：

（一）个人贪污数额在十万元以上的，处十年以上有期徒刑或者无期徒刑，可以并处没收财产；情节特别严重的，处死刑，并处没收财产。

（二）个人贪污数额在五万元以上不满十万元的，处五年以上有期徒刑，可以并处没收财产；情节特别严重的，处无期徒刑，并处没收财产。

（三）个人贪污数额在五千元以上不满五万元的，处一年以上七年以下有期徒刑；情节严重的，处七年以上十年以下有期徒刑。个人贪污数额在五千元以上不满一万元，犯罪后有悔改表现、积极退赃的，可以减轻处罚或者免予刑事处罚，由其所在单位或者上级主管机关给予行政处分。

（四）个人贪污数额不满五千元，情节较重的，处二年以下有期徒刑或者拘役；情节较轻的，由其所在单位或者上级主管机关酌情给予行政处分。

对多次贪污未经处理的，按照累计贪污数额处罚。

国家对贪污贿赂犯罪的态度是一经发现就依法严惩，不让犯罪分子有任何侥幸心理以及侵害国家及人民利益的机会。于个人而言，我们能做的就是既不贪污受贿，也不去行贿走后门，发现贪污贿赂线索，要及时揭发、举报。

第五节　预防黑社会性质组织犯罪

目前，黑社会性质组织犯罪已经成为一种严重危害社会的犯罪活动。有关部门必须采取有效措施严厉打击黑社会性质组织犯罪，打击黑社会性质组织的"保护伞"，保护人民和国家的利益不受侵害。

黑社会性质组织犯罪是指以暴力、恐吓或其他手段欺压、残害百姓，为非作歹，严重破坏社会生活、经济秩序的违法犯罪行为。黑社会性质组织一般人数较多，具有明确的领导者，内部成员之间存在严格的隶属关系，并且具有严格的组织纪律。黑社会性质组织进行违法犯罪时，通常带有很强的暴力性，在行为上多强调以狠对狠，有的会涉及毒品枪支犯罪。

一直以来，我国打击黑社会性质组织犯罪的力度都很大，但却始终无法根除这类犯罪。这其中的一个重要原因是一些黑社会性质组织背后都有"保护伞"——公务人员，他们的庇护不仅加大了摧毁黑社会性质组织的难度，还间接地对国家政权造成了慢性腐蚀。因此，要想彻底铲除黑社会性质组织这颗"毒瘤"，遏制黑社会性质组织犯罪，就要拔除其背后的"保护伞"，从根源上消除黑社会性质组织犯罪的隐患。

具体来说，可以从以下三方面打击和预防黑社会性质组织犯罪：

第一，完善相关法律法规。针对黑社会性质组织

犯罪制定相关的法律，有效打击和控制黑社会性质组织犯罪。

第二，加强打击力度，健全监督机制。在健全相关法律制度及规定的基础上，司法机关应高度注意"保护伞"的存在，要做到一旦发现相关公务人员涉案，必严惩；同时，还要健全监督机制，防止司法机关内部出现"保护伞"，从根源上杜绝黑社会性质组织的滋生和壮大。

第三，做好黑社会性质组织成员的帮教工作。政府、社会要形成合力，注重帮助黑社会性质组织成员解决实际困难，从思想、生活等各方面加以改造，帮助他们重新做人，有效预防他们重新犯罪。

总之，打击和预防黑社会性质组织犯罪是一个长期且复杂的工程，司法机关不仅要有耐心，更需要有足够的韧性，准备好打一场持久战。只有这样，才能更好地为经济发展保驾护航，更好地维护人民群众的根本利益。人民群众对于黑社会性质组织要始终保持抵制、防御态度，并且要注重培养良好的思想品德，做一个守法的合格公民。

第六节　预防盗窃、抢劫犯罪

　　社会上总有一些人想不劳而获，选择以盗窃、抢劫等违法犯罪的方式获取财物。盗窃、抢劫这两种行为都会构成犯罪，一旦实施此类行为就会承担相应的刑事责任，并受到相应的刑事处罚。

　　盗窃犯罪是指通过偷盗、秘密窃取等方式非法占有公私财物。抢劫犯罪是指通过暴力、胁迫等方式强行夺取并非法占有公私财物。这两种犯罪行为都属于刑事犯罪，一旦构成刑事罪名，司法机关就要进行刑事立案以及定罪量刑。

　　《刑法》第二百六十三条规定：以暴力、胁迫或者其他方法抢劫公私财物的，处三年以上十年以下有期徒刑，并处罚金；有下列情形之一的，处十年以上有期徒刑、无期徒刑或者死刑，并处罚金或者没收财产：

　　（一）入户抢劫的；

　　（二）在公共交通工具上抢劫的；

（三）抢劫银行或者其他金融机构的；

（四）多次抢劫或者抢劫数额巨大的；

（五）抢劫致人重伤、死亡的；

（六）冒充军警人员抢劫的；

（七）持枪抢劫的；

（八）抢劫军用物资或者抢险、救灾、救济物资的。

《刑法》第二百六十四条规定：盗窃公私财物，数额较大的，或者多次盗窃、入户盗窃、携带凶器盗窃、扒窃的，处三年以下有期徒刑、拘役或者管制，并处或者单处罚金；数额巨大或者有其他严重情节的，处三年以上十年以下有期徒刑，并处罚金；数额特别巨大或者有其他特别严重情节的，处十年以上有期徒刑或者无期徒刑，并处罚金或者没收财产。

盗窃、抢劫犯罪在主观方面、主体方面是相同的，都是以非法占有公私财物为目的，但在行为的客观方面却大相径庭：盗窃犯罪行为具有秘密性，罪犯往往是在公私财物控制人不备的情况下，以秘密窃取的方式偷盗财物；抢劫犯罪行为则具有当场性，罪犯往往采用胁迫、恐吓等暴力手段直接从财物控制人手中劫取财物。

有时候，罪犯在实施盗窃犯罪行为过程中，也可能构成抢劫犯罪。比如，某人在半夜潜入他人家中盗窃，行窃过程中突然被主人发现，为了达到非法占有公私财物的目的，持刀威胁主人交出财物，并强行抢夺主人家中的财物。这样，罪犯的盗窃行为就演变成了抢劫行为。

无论是盗窃，还是抢劫，损害的都是财物控制人的利益。那么，为了防止此类犯罪行为的发生，我们应当采取哪些预防措施呢？

首先，了解相关法律法规。盗窃和抢劫犯罪都属于

刑事犯罪，我们要了解这两类犯罪的性质，并自觉抵制这两类犯罪行为。

其次，用法律武器维权。如果我们遇到盗窃、抢劫犯罪，千万不要选择硬碰硬的方式，要在保护自身安全的前提下，机智地与罪犯做斗争，并积极采取法律手段制止犯罪，或者事后及时追责。

最后，采取有效措施保护自身财物安全。盗窃、抢劫犯罪的目的是非法占有财物，因此最有效的预防方法就是保护好自己的财物，减少或杜绝违法犯罪分子盗窃、抢劫财物的可能性。比如，离家时锁好门窗；尽量不要在家里存放数额较大的现金；外出时要远离危险、偏僻的环境；遇到可疑人员尾随时要及时报警或向周围人求救等。

第七节　预防性侵害犯罪

韦某某将同村5岁幼女骗入家中，实施奸淫后将其杀害。人民检察院以故意杀人罪、强奸罪对韦某某提起公诉，人民法院经审理，依照《刑法》相关规定，判处韦某某死刑，并剥夺政治权利终身。

性侵害犯罪泛指一切与性相关的犯罪行为，以及一切违反他人意愿进行的与性相关的行为，如强奸、性骚扰、性虐待等行为。

性侵害犯罪具有胁迫性、暴力性等显著特点。

胁迫性是指违法犯罪分子利用自己的地位、权势或职务之便等，利诱或威胁受害人与其发生性行为。

暴力性是指违法犯罪分子使用暴力、恐吓、言语威胁等野蛮手段威胁或劫持受害人，进而对受害人实施猥亵、强奸等犯罪行为。这类罪犯的手段极其残暴，行为极其无耻，甚至常采用群体性纠缠方式对受害人进行性侵害。

性侵害犯罪严重影响受害人的身心健康，会对受害人的心理造成十分严重的创伤，让受害人很难自我痊愈并重新开始新生活。

此外，很多性侵害犯罪分子的侵害对象不仅仅指向成年女性，还指向自我保护能力差的未成年人。近年来，儿童性侵害案屡次发生也证实了这一点。

对此，我国不断完善相关法律法规，并加大了打击性侵害犯罪的力度。

《刑法》第二百三十七条规定：以暴力、胁迫或者其他方法强制猥亵他人或者侮辱妇女的，处五年以下有期徒刑或者拘役。

聚众或者在公共场所当众犯前款罪的，或者有其他恶劣情节的，处五年以上有期徒刑。

猥亵儿童的，处五年以下有期徒刑；有下列情形之一的，处五年以上有期徒刑：

（一）猥亵儿童多人或者多次的；

（二）聚众猥亵儿童的，或者在公共场所当众猥亵儿童，情节恶劣的；

（三）造成儿童伤害或者其他严重后果的；

（四）猥亵手段恶劣或者有其他恶劣情节的。

除了法律的震慑和严惩之外，个人也要做好预防措施，防止遭到不法分子的侵害。

首先，提高辨别能力。对人要抱有一定的警惕心，不要轻易向陌生异性透露个人信息，一旦发现某异性对自己不怀好意，或者做出某些越轨行为，一定要严厉拒绝，当然也要根据实际情况和对方周旋，之后及时向家人或有关部门反映。

其次，提高防范能力。女性和未成年人可以学习一些简单的防身术，若处于险境之中，一定要把握时机，快、准、狠地攻击其要害部位，给自己制造逃离险境的机会。

再次，要远离危险环境。日常生活中，要多与家人、朋友联系，让他们知晓自己的行踪。外出或返回时要选择最安全的路径，避免夜归和偏僻路径。

最后，要依法维权。在遭到违法犯罪分子的侵害后，要勇于运用法律武器保护自己，千万不要因为害怕、羞愧等心理，不了了之，这样会助长犯罪分子的嚣张气焰。